**시작한 일을
마무리하는
힘**

일을 끝내고 성장을 시작하는
끝맺음의 기술

양은우
지음

시작한 일을 마무리하는 힘

들어가는 글

전략 용어 중에 '뷰카VUCA'라는 말이 있다. 가변성 volatility, 불확실성 uncertainty, 복잡성 complexity, 모호성 ambiguity의 머리글자를 딴 두문자어로, 요즘 시대의 흐름을 그대로 반영한 단어다. 세상의 변화 속도가 급격하게 빨라지고, 어느 방향으로 바뀌어 나갈지 모르는 불확실성 또한 커지고 있다. 한 가지 원인이 아니라, 여러 가지 원인들이 얽히고설켜 이루 말할 수 없이 복잡한 문제들이 늘어나고, '출산율 저하'처럼 뚜렷한 현상은 보이지만 그 근본 원인이 무엇인지 분명치 않아 해결하기 어려운 문제가 많아지는 것이 뷰카 시대의 특징이다. 단순화하자면 '변하지 않는 것은 없으며, 영원한 것도 없다'라는 뜻이다. 지금 돈을 끌어모으는 사업이 미래에도 돈벌이가 될지 알 수 없으며, 지금 남들보다 우월하다고 해서 미래에도 남들보다 뛰어나리라는 보장은 어디에도 없음을 의미한다. 그 무엇도 확실하지 않고 그 무엇도 보장되지 않는 혼란의 시대가 점점 심화되고 있다. 디지털 시대에 이어 인공지능과 같은 신기술이 앞다투어 발달하면서 변화와 혼돈의 강도는 더 높아질 것이다.

이런 세상에서 뒤처지지 않고 살아남기 위해서는 다양한 기회에 자신을 노출시켜 많은 경험을 쌓아야 한다. 세상이 어디로 튈지 모르니, 폭넓은 경험을 통해 대처 능력을 기른다면 보다 유리해질 것이다. 이 때문에 사람들의 생활방식도 이전과는 크게 달라졌다. 내가 대학생이었던 시절에는 대학에 입학하면 그것으로 끝이었다. 성적과 무관하게 졸업 후에 직장에 들어가 그곳에서 주는 월급을 받으며 정년퇴직할 때까지 성실하게 근무하면 어느 정도 인생을 성공적으로 마무리할 수 있었다. 어쩌면 상대적으로 노력이 덜 필요한 시기였다. 그러나 이제는 이 '평범한 직장인 루트'가 불가능해졌다. 우선 취업 자체가 하늘의 별 따기처럼 어려워졌다. 취업을 준비하기 위해 대학을 졸업하기도 전에 자신에게 도움이 되는 스펙을 쌓으려고 어학 공부, 여행과 봉사, 인턴십, 다양한 자격증 취득이나 외부 프로젝트 등을 찾아서 하는 사람들이 많다. 다방면의 활동으로 경험을 쌓고, 자신이 가진 경험을 활용할 기회가 왔을 때 능력을 아낌없이 발휘할 '준비된 인재'가 되는 것이 취업 시장에서의 생존에 유리하기 때문에 대부분의 사람들이 그 길을 걷는다.

직장에 들어가서도 예전처럼 주어진 일만 열심히 하며 회사에서 나오는 월급으로 미래를 대비하려는 사람이 줄었다. 부족한 생활비를 보충하기 위해서나 경제적 자유를 얻기 위해, 혹은 지금보다 여유로운 삶을 살기 위해 여러 가지 부수적인 일을 하는 사람들이 많다. 여유 자금이 있는 사람들은 주식이나 비트코인, 부동산 등에 투자를 하고 마땅치 않은 사람들은 부업이나 사이드 잡을 통해 수익을 창출하기도 한다. 금전적인 목적이 아니라 경험 측면에서 다양한 기회를 찾아 병행하는 사람들도 많다. 소규모 오프라인 모임을 통해 무언가를 배우며 취미 활동은 물론 인간관계를 넓혀가는 사람도 있고, 미래의 직업적 대안을 모색하는 사람들도 있다. 세상이 달라지고 있는 만큼 생활방식 또한 과거와는 크게 달라진 모습이다.

그렇게 세상이 변화하다 보니, 무언가를 새롭게 시작하는 게 일상이 되고 있다. 아무것도 하지 않고 현재의 생활에 안주하는 사람은 걱정이 없거나, 자신의 미래에 무관심한 사람일 확률이 높다. 그렇기에 인생을 조금 더 성공적이거나 안정적으로 살고 싶은 사람이라면 쉬지 않고 무언가를 찾아 시도하려고 한다. 그런 시도를 통해 배우고 경험하며 자신의 역량을 끊임없이 높여 나간다. 그들 중 상당수는 계획한 일을 끝마치기도 하지만, 일부는 한번 시작한 일을 끝까지 마치지 못하고 중도에 그만두거나 흐지부지 넘기기도 한다. 의무적이든 선택적이든 자신의 필요에 의해 호기롭게 일을 벌이지만 시작할 때의 마음가짐으로 끝까지 밀고 나가지 못하는 것이다.

이전에 모 기관에서 주관하는 오프라인 모임을 통해 뇌과학 교양 과정을 네 차례에 걸쳐 강의할 기회가 있었다. 강의는 3주에 한 번씩, 모두 네 차례에 걸쳐 진행되었는데 30대의 남녀 10명 정도가 수강 신청했다. 하지만 그들 중 모든 강의에 참여한 사람은 겨우 2명에 불과했다. 심지어는 딱 한 번만 모습을 보인 후 종적을 감춘 사람도 있었다. 이처럼 우리는 필요에 의해 무엇인가를 시작하지만 그렇다고 해서 모든 일을 계획대로 끝까지 마치는 것은 아니다.

이런 일들은 살면서 수없이 반복된다. 아무리 계획적이고 추진력이 좋은 사람이라고 해도 모든 일을 끝까지 완수할 수는 없다. 그런 일이 생길 때마다 사람들은 돈과 시간, 노력을 쓸데없이 허비했다고 생각한다. 내가 진행했던 강의 역시 적지 않은 돈을 내고 들어야 하는 유료 강의였기에 빠진 횟수만큼 금전적 손해를 보았을 것이다. 하지만 냉정하게 따져보면 쓸데없이 돈과 시간과 노력을 허비한 것만은 아니다. 계획을 다 이루지 못했으므로 목표를 달성하지 못한 것은 맞지만, 한 번이든 두 번이든 계획한 일을 실행했다면 완전한 낭비는 아니다. 아무것도 하지 않은 것에 비해서는 적지만 얻은 것도 있을 테니 말이다. 물이 반쯤 담긴 컵을 보면서 '반밖에 남지 않았다'라고 생각할 수 있고 '반이나 남았다'라고 생각할 수도 있는 것처럼, 시작한 후 끝내지 못한 일도 다른 관점을 적용할 수 있다. 그리고 그 생각의 차이가 장기적인 관점에서 역량의 차이가 되기도 한다.

모름지기 발전이라고 하는 것은 하루아침에 이루어지지 않는다. 강물에 실려 온 진흙이 오랜 세월에 걸쳐 조금씩 강바닥에 가라앉고 쌓이면서 퇴적층을 이루는 것처럼, 발전 또한 오랜 세월을 두고 조금씩 쌓인다. 계획한 일을 끝냈든 그렇지 못했든 우리는 일을 통해 무언가 얻는 게 있다. 그것들이 강물에 떠내려가는 흙처럼 흘러가기도 하지만, 일부는 바닥에 가라앉아 퇴적층을 만들기도 한다. 그 퇴적층을 다른 말로 하면 '개인의 역량'이라고 할 수 있다. 그런데 자기 내면의 강에 어떤 것들이 가라앉았는지 알고 있는 쪽과 전혀 모르고 있는 쪽 사이에는 큰 차이가 생길 수 있다. 자신의 역량을 들여다보고 수시로 점검하며 그 위에 더욱 굳건

한 토대를 쌓아나가는 사람은 발전적인 미래를 기대할 수 있지만, 자신의 역량이 무엇인지 모른 채 번번이 원점으로 돌아가 같은 일을 되풀이하는 사람의 미래는 고달플 수 있다. 그래서 우리는 무엇이든 하나의 일이 끝났을 때 그 일을 되돌아보며 강물에 실려와 가라앉은 게 무엇인지, 내면에 남은 것을 확인해 보아야 한다.

일을 끝까지 마쳤는지 중간에 그만두었는지는 그리 중요하지 않다. 우리가 지나간 일을 되돌아보는 이유는 그 안에 담긴 배움과 교훈을 건져내어 미래의 자산으로 활용하기 위함이다. 계획대로 끝까지 마친 일에도, 아쉽게도 중간에 실패하거나 포기한 일에도, 혹은 하는지 마는지도 모르게 흐지부지 끝내버린 일 속에서도 교훈을 찾아낼 수 있다. 그렇게 찾아낸 교훈들은 미래에 추진할 새로운 일의 시행착오를 줄여주고 같은 잘못을 반복하지 않도록 도와줌으로써 일을 보다 효율적이고 성과지향적으로 추진하게끔 돕는다. 지난 일을 되돌아보며 복기하듯 내용을 점검해 보는 과정을 거칠 때, 과거의 경험이 미래의 발전을 위한 초석이 될 수 있다. 이제 그 요령을 하나씩 살펴보도록 하자.

차례

들어가는 글　　　　　　　　　　　　　　　　　　　　　　　　　005

1장
우리에게 마무리가 필요한 이유

흐지부지 끝나버린 일이 남긴 것 017 | 진정한 마무리의 의미 022 | 마무리가 성장을 만든다 028

2장
왜 시작한 일을 마무리하지 않을까?

부정적 정서가 마무리를 방해한다 038 | 자신의 결점을 마주하기가 두렵다 041 | 왜 마무리가 필요한지 모른다 044 | '빨리빨리'라는 사회적 분위기 047 | 게으름으로 인한 습관적인 미루기 050 | 끝내야 할 동기가 부족하다 054 | 배우려는 의지가 없다 057 | 일을 벌이기만 하는 타입 059

3장
시작만 하고 끝내지 않으면 벌어지는 일들

자이가르닉 효과로 인한 두뇌 기능의 저하 066 I 주의력과 집중력, 작업 기억 역량의 저하 073 I 불편한 심리로 인한 부정적 정서의 증가 078 I 인정받을수록 불안해진다 087 I 자원의 낭비와 제자리걸음 092

4장
끝을 내면 달라지는 것들

프로 기사들이 복기하는 이유 102 I 스스로의 역량이 파악된다 108 I 같은 실수를 반복하지 않는다 114 I 메타인지 역량이 증가한다 119 I 신념과 의지대로 살 수 있다 125 I 미래에 대한 긍정적인 확신 130

5장
일을 마무리하는 힘, 점검과 분석의 기술

공통적으로 점검해야 할 항목들 138 I 완수한 일에서 점검해야 할 항목들 145 I 중단된 일에서 점검해야 할 항목들 148 I 유야무야된 일에서 점검해야 할 항목들 151 I 마무리의 효과를 높이는 분석 요령 155

6장
성공적으로 완수한 일을 마무리하기

마무리하는 시점 162 | 마무리하는 방법 165 | 완수한 일을 마무리 짓는 양식 198

7장
중단된 일을 마무리하기

마무리하는 시점 206 | 마무리하는 방법 213 | 중단된 일을 마무리 짓는 양식 237

8장
유야무야된 일을 마무리하기

마무리하는 시점 246 | 마무리하는 방법 250 | 유야무야된 일을 마무리 짓는 양식 279

나가는 글 284

1장

우리에게 마무리가 필요한 이유

흐지부지 끝나버린
일이 남긴 것

누구나 마음속에 품고 있는 숙원 사업이 하나쯤은 있다. 대단히 거창하지 않더라도 몇 년째 '언젠가 해야지'라고 생각만 하거나, 한때 호기롭게 시작했지만 흐지부지되어 마음 한편을 불편하게 만드는 일 말이다. 내게는 그것이 바로 유튜브였다.

유튜브의 인기와 영향력이 좀처럼 사그라들 기미가 보이지 않는다. 블로그나 페이스북 등 다른 SNS의 인기는 시들해지는 데 반해, 유튜브는 날이 갈수록 사용자가 늘어나고 트래픽이 증가하고 있다. 예전에는 단순히 동영상을 공유하던 플랫폼이었지만, 최근에는 구글 같은 검색 엔진을 대체하는 '지식 검색 플랫폼'으로도 폭넓게 활용되고 있다. 이제 사람들은 무엇이든 궁금한 것이 있으면 유튜브를 먼저 찾는다. 이런 분위기에서 유튜버들의 인기 또한 덩달아 치솟고 있다. 구독자를 몇백만씩 보유한 대형 유튜버들이 늘어나고, 심지어 연예인이나 운동선수, 정치인들도 유튜버로 데뷔한다. 미래에 새로운 플랫폼이 유행할 수도 있지만, 당분간 유튜브의 인기는 계속되지 않을까 싶다.

이런 유행의 여파로 나 역시 유튜브에 관심을 가지게 되었다. 단순한 시청자, 구독자에서 벗어나 3분 정도의 짧은 뇌과학 영상을 올리는 채널을 만들어 운영해 보기로 한 것이다. 콘텐츠는 사람들의 호기심을 끌어낼 수 있도록 '술을 많이 마신 다음 날 머리가 바늘로 찌르듯이 아픈 이유', '남자들이 쇼핑을 힘들어하는 이유', '상사에 대한 뒷담화가 즐거운 이유' 등 일상생활 속에서 겪는 사소한 주제들을 뇌과학 이론으로 설명하기로 했다. 이전에도 출판사를 비롯해 지인들에게 유튜브를 시작하면 어떻겠냐는 이야기를 들었지만, 기계치에 가까운 탓에 영상을 찍고 편집해 업로드하는 것은 언감생심 꿈도 꿀 수 없는 일이었다. 하지만 작가로서 책의 홍보나 마케팅을 위해서라도 유튜브 세상에 뛰어들어야겠다는 생각이 있었다.

두려운 마음도 들었지만 일단 도전하기로 마음먹었다.

아무것도 아는 게 없으니, 인터넷을 뒤져 강의를 듣는 단계부터 시작했다. 채널 운영과 촬영, 편집과 업로드 등에 필요한 내용들을 공부하고 관련된 프로그램과 앱을 사용하는 방법을 익혔다. 연습을 반복하며 준비를 마치고 드디어 첫 번째 영상을 만들어 올렸다. 시행착오가 있었고 몇 번 실수하기도 했지만, 생각했던 것만큼 어렵지 않았다. 잘 만들어진 영상이라는 칭찬을 받기도 했다.

그렇게 4개월여를 지속했지만, 결과는 실망스러웠다. 처음부터 조회 수가 높을 수는 없다고 생각했지만 그래도 기대치보다 너무 적었다. 하루에도 수만 혹은 수십만 개씩 올라오는 영상들 속에서 내가 만든 영상이 사람들에게 노출되기란 쉬운 일이 아니었을 것이다. 성공한 유튜버들은 그런 어려움을 수년간 겪으면서도 포기하지 않고 꾸준히 영상을 올린 사람들이라는 것을 알기에 적어도 1년 정도는 채널을 운영해 보리라 마음먹었다.

겨우 3분 내외의 짧은 영상이라도 유튜브 채널에 콘텐츠 하나를 올리기 위해서는 해야 할 일이 꽤 많았다. 원고를 써야 하고, 프로그램을 이용하여 원고의 내용을 음성으로 변환하고, 내용에 적합한 이미지를 찾아 이어 붙이는 편집 과정을 거쳐 영상으로 만들고, 영상의 내용을 잘 반영하는 대표 이미지를 선정하여 썸네일을 만들고… 할 일이 한두 가지가 아니었다. 하지만 영상을 올리는 과정이 반복되면서 노하우가 쌓여 익숙해지자 처음의 두려움과는 달리 자신감이 붙기 시작했다. 어떤 분야든 필요한 영상은 편집해서 올릴 수 있을 것 같았다.

미리 고백하자면 불행하게도 이 노력은 불과 4개월 만에 20여 개의 영상을 올리는 것으로 끝이 나고 말았다. 나름의 이유가 있었다. 1주일에 한 번, 정해진 요일에 영상을 올리기로 굳게 다짐했는데, 처음에는 그 약속이 잘 지켜졌다. 그러나 영상을 올리는 일이 계속되면서 몇 가지 문제가 발생했다.

우선 콘텐츠의 주제를 선정하는 게 쉽지 않았다. 그래도 그 문제는 오랜 시간 뇌과학을 공부했고 몇 권의 저서도 있으므로 그리 큰 염려 거리는 아니었다. 조금만 고민하면 해결할 수 있는 문제였다. 두 번째 문제는 영상의 업로드 간격이었다. 겨우 3분짜리 영상이기에 초기만 해도 여유로울 줄 알았던 1주일이라는 간격이 왜 그렇게 빨리 돌아오는지, 마치 아침 먹고 돌아서면 점심 준비해야 하고, 점심 먹고 돌아서면 저녁 준비해야 하는 살림살이처럼 하나의 영상을 업로드하고 나면 쉴 새 없이 또 다음 영상을 준비해야 했다. 이런 문제들로 석 달째에 접어들면서 집필과 강의 등에 치여 영상을 만드는 일이 흐지부지되었고, 자연히 영상을 올리는 일도 중단되고 말았다. 이제는 언제 마지막 영상을 올렸는지 기억나지도 않는다. 그렇게 나의 유튜브 채널 운영 도전기는 흐지부지 실패로 끝났다. 개인적인 홍보 수단으로 활용하려는 계획도 어긋날 수밖에 없었다.

비록 아무 소득도 없이 끝이 나긴 했지만, 유튜브 도전기는 내게 나름의 의미가 있었다. 무엇보다 어렵다고 지레 짐작하고 사용해 볼 생각조차 하지 않았던 각종 영상 편집 프로그램이나 앱에 익숙해졌다. 자유자재로 화려하게 활용할 수준은 아니더라도 원하는 결과물을 만들어 낼 정도는 되었다. 특히 동영상 편집은 내가 유튜브를 시작하지 못하도록 막은 큰 장애물 중 하나였는데, 경험을 통해 그다지 어려운 일이 아니라는 것을 알게 되었다. 유튜브 채널 운영을 충분히 할 수 있다는 자신감을 얻은 것도 성과라 할 수 있다. 만일 추후에 다시 유튜브 채널을 운영할 필요가 생긴다면 그때는 망설이지 않고 바로 행동에 나설 수 있을 것이다. 이렇게 보면 내가 실패했다고 생각한 유튜브 채널 운영이 완전한 실패는 아닌 듯싶다. 실패라기보다는 새로운 미래, 더 성공적인 도전을 위한 주춧돌이 된 느낌이다.

진정한
마무리의 의미

마무리가 주는 두 가지 이익

누군가 나에게 "유튜브 운영은 마무리된 건가요?"라고 묻는다면, 나는 "네, 완전히 끝났습니다"라고 대답할 것이다.

보통 '마무리'란 어떤 일의 '끝'을 의미한다. 다시 말해, 목표에 도달했거나 한계에 부딪혀 더 이상 진행되지 않는 상태를 뜻한다. 그러나 이 책에서 말하는 '마무리'는 그보다 더 확장된 의미를 담고 있다. 일반적인 의미에서 더 나아가 일의 끝맺음에 대한 '주체적인 선언'을 포함하는 개념이다.

두 개념의 차이는 다음과 같이 설명할 수 있다.

전자는 시간의 흐름 속에서 외부적 요인에 의해 일이 종료된 상태를 말한다. 이는 '일의 진행 상태'에 중점을 둔 것으로, 객관적인 사실이라고 할 수 있다. 이때는 '일이 끝났다', '일을 끝냈다' 두 가지밖에 없다. 일이 중단되었을 경우에는 '마무리했다'라고 하지 못한다.

반면, 후자는 스스로 "이제 끝났다"라고 선언하는 내적 확신과 주관적인 판단이 담긴 행위다. 이는 의지가 내포된 목적지향적 행위로, 이때는 '일이 끝났다' '일을 끝냈다' 외에도 '일을 끝낸다'가 가능해진다. 즉, 단지 일이 종료되었는가보다, 그 끝을 어떻게 인식하고 받아들이느냐에 더 중점을 둔다. 이와 같은 마무리 개념이 주는 실질적인 효과는 두 가지다.

첫째, 불필요한 에너지 낭비를 줄일 수 있다. 자의나 타의에 의해 일이 중단된 경우 '더 이상 일을 진행하지 않을 것'을 스스로에게 선언함으로써, 마음 한구석에서 계속 신경 쓰이던 일에 더 이상 에너지를 소모하지 않을 수 있다.

둘째, 일에서 배움을 얻을 수 있다. 어떤 일이 성공적으로 끝났든, 실패로 마무리되었든 간에, 스스로 마침표를 찍는 순간부터 그동안의 일을 돌아보며 '어떤 일을 했고, 어떤 결과를 얻었으며, 어떤 지식이나 경험을 얻었는지' 그리고 '성공 비결은 무엇이며, 실패 원인은 무엇인지' 살펴보는 과정에서 얻은 통찰은 다음 단계로 나아가는 데 있어 중요한 자산이 된다.

정리하자면, 이 책에서 말하고자 하는 마무리란, 일의 '끝'을 선언함으로써 애매모호한 상황으로 인해 낭비되던 에너지를 없애고, 그 안에서 배운 것을 추려 미래로 나아가는 준비를 하는 행위다.

- **일반적인 의미**: 계획한 범위의 일이 목표에 도달하거나 한계에 부딪힘으로 인해 일의 진행 상태가 '끝'이 난 것. 의지나 사고의 개입 없이 진행 여부에 따른 객관적 사실.

- **이 책에서의 의미**: 나의 의지로 일의 끝을 선언하고, 그동안의 과정을 되돌아보며 미래에 활용할 수 있는 교훈이나 시사점을 발견하는 것. 주관적인 판단과 의지가 내포된 목적지향적 행위.

'끝'의 세 가지 유형

앞서 살펴본 것처럼 '끝'이라는 단어는 다양한 상황을 포괄

하는 개념이다. 어떤 일은 계획한 범위 내의 작업을 모두 마쳐 더 이상 손댈 것이 없는 상태로 끝나기도 하고, 또 어떤 일은 실패하거나 포기하거나, 혹은 예기치 못한 변수로 인해 계획했던 목표에 도달하지 못한 채 도중에 멈추게 되기도 한다.

따라서 이 책에서는 '끝'의 다양한 상태를 보다 명확히 구분하고자, 앞으로 사용할 주요 용어들을 다음과 같은 기준에 따라 정의하려고 한다.

먼저, 처음부터 계획한 범위를 모두 수행하고 더 이상 할 일이 남아 있지 않은 경우를 '완수된 일'이라고 한다. 이는 어떤 일이 목표한 대로 마무리되었음을 의미한다.

반면, 실패하거나 외부적인 변수로 인해 끝까지 진행하지 못하고 중간에 멈춰버린 경우는 '중단된 일'이라 한다. 이런 일들은 의도했든 아니든 간에 어떤 지점에서 멈춰 서게 된 경우다.

그러나 모든 일이 이렇게 명확하게 끝맺음 되는 것은 아니다. 때로는 시작은 했지만 끝났다고 말하기도, 그렇다고 계속되고 있다고 보기도 애매한 상태로 남아 있는 일들이 있다. 나의 경우, 오랫동안 소설을 써보고 싶다는 마음에 몇 해 전부터 습작을 해오고 있지만, 그 원고는 아직 완성되지 못한 채 방치된 상태다. 솔직히 말해 완성하더라도 출판

할 만큼의 수준은 되지 않을 것 같지만, 그럼에도 불구하고 완전히 포기하지 못하고 있다. 1년에 한두 번, 혹은 어떤 해에는 단 한 번도 그 원고를 열어보지 않으면서도 아직도 '하고 있는 일'처럼 여긴다.

이처럼 시작은 했지만 흐지부지된 채 명확한 마무리 없이 떠안고 있는 일들을 이 책에서는 '유야무야된 일'이라고 정의한다. 유야무야有耶無耶라는 말은 말 그대로 '있는 것인가, 없는 것인가'를 의미하며, '하는 듯 마는 듯' 마침표를 찍지 못하고 남아 있는 상태를 가리킨다.

이러한 일들은 우리 주변에서 흔히 볼 수 있다. 처음에는 열의를 가지고 그림을 배우기 시작했지만, 시간이 지나며 학원에 나가는 횟수가 줄어드는 경우, 제과 제빵 수업에 등록했지만 흥미를 잃고 들인 비용이 아까워 억지로 수업에 참석하는 경우 등 모두 시작은 했지만, 점점 흐릿해지고 어느 순간부터는 끝났는지 아닌지도 모를 상태로 방치된 일들이다.

앞으로 이 책에서는 '끝난 일'을 계획한 일을 완전히 끝낸 '완수된 일', 도중에 멈춰버린 '중단된 일', 그리고 흐지부지 상태로 방치된 '유야무야된 일', 이렇게 세 가지 유형으로 구분하여 쓰려고 한다.

- **완수 完遂된 일** : 계획한 범위의 일을 완전히 이루거나 해낸 일
- **중단 中斷된 일** : 계획한 범위의 일을 마치지 못한 채 중도에 끊어지거나 끊은 일
- **유야무야 有耶無耶된 일** : 하는 듯, 마는 듯 흐지부지된 일

마무리가
성장을 만든다

 사람들은 태어나서 죽을 때까지 일평생 동안 꽤 많은 일들을 계획하고 실천에 옮기며 살아간다. 무언가를 스스로 계획하고 실천할 수 있는 역량이 생기면서부터 말이다.

 돼지 저금통에 한 푼 두 푼 동전을 모아서 가지고 싶었던 게임기를 사기도 하고, 한눈팔지 않고 열심히 공부해서 원하는 직업을 가지기도 하며, 어학 공부를 꾸준히 해서 외국인과 자유롭게 대화하는 실력을 갖추기도 한다. 틈틈이 심리학을 공부해서 상담사 자격증을 취득하기도 하고, 정보 기술과 관련된 자격증을 취득하여 안정적인 수입을 올리기도 한다.

그러나 매번 이렇게 거창한 계획들만 세우는 건 아니다. 한 달에 적어도 한 권의 책을 읽어 1년에 12권의 책을 완독하겠다는 계획을 세우기도 하고, 건강을 위해 금연하겠다는 결심을 하기도 하며, 날씬한 몸매를 위한 다이어트 플랜을 짜기도 한다. 자기 전에 매일 일기를 쓰겠다고 마음먹거나 하루에 만 보씩 걷겠다는 계획을 세우기도 한다. 한 해를 의미 있고 진취적으로 보내겠다는 뜻에서 새해에 더 많은 계획을 세우기도 하지만, 꼭 새해가 아니더라도 수시로 크고 작은 계획들을 세우고 행동에 옮긴다.

다만 '세상은 생각대로 흘러가지 않는다'라는 말처럼 계획이 의도한 대로 진행되기도 하지만, 그렇지 않을 때도 있다. 모든 일이 마음먹은 대로 술술 풀리면 좋으련만, 어떤 일은 계획에 맞추어 차질 없이 척척 진행되어 원하던 결과를 얻기도 하지만, 어떤 일은 시간이 흐르면서 흐지부지되거나 목표를 달성하지 못한 채 끝나기도 한다. 심지어 어떤 일은 시작조차 못 하고 구상만 하다가 끝나버리는 경우도 있다. 의지나 신념이 강한 사람은 계획한 일을 끝까지 완수하는 빈도가 상대적으로 높지만, 의지나 신념이 약한 사람은 중간에 종료하는 경우가 많다. 시작했다가 어영부영 끝을 보는 일이 비일비재하다. 개인별로 정도의 차이는 있겠지만 모든 사람이 그렇다. 계획한 일들을 100% 차질 없이 완료하지도 않으며, 계획한 일 전부를 중간에 그만두지도 않는다. 스스로의 문제나 혹은 외부적인 요인에 의해 100%와 0% 사이의 그 어디쯤에서 계획했던 일을 끝내곤 한다.

비단 개인뿐 아니라 회사와 같은 조직에서도 계획한 일들을 실행하지 못한 채 흐지부지 끝내버리는 경우가 헤아릴 수 없이 많다. 국제적인 컨설팅 회사에서 조사한 내용에 따르면, 기업의 중장기 계획이 실행되는 비율은 불과 17%밖에 되지 않는다고 한다. 그러니 개인이든 조직이든 계획한 일을 중간에 멈추지 않고 끝까지 밀고 나가는 것이 그리 만만한 일은 아닌 듯싶다.

여기서 한 가지 생각해 보아야 할 점이 있다. 계획대로 일을 완수한 경우든 아니든 자신이 한 일을 돌아보며 일이 끝났음을 선언하고, 일을 시작하기 전과 비교하여 무엇이 달라졌는지, 그 안에서 얻을 수 있는 교훈이나 시사점은 무엇인지 찾으려고 하는 사람이 드물다는 점이다.

나름의 이유는 있다. 계획대로 완수한 일은 원하는 결과를 얻었으니 굳이 돌아볼 필요를 못 느낄 수 있다. 자격증 취득, 값진 물건, 좋은 경험 등 일을 완수한 결과로 얻는 성과가 분명하기 때문이다. 그러다 보니 완수한 일은 성취감에 취해 어영부영 지나치고 만다. 완수하지 못하고 중단된 일이나 유야무야된 일은 부정적인 감정 때문에 되짚고 싶어 하지 않는다. 끝마치지 못한 일을 보며 기분 좋은 감정을 가질 사람은 아무도 없다. 일의 성격에 따라 다르겠지만 '난 이런 쉬운 일도 해내지 못하는구나'라는 자괴감이 들 수도 있고 '괜히 돈만 썼네'하며 속이 상할 수도 있다. 그런 불편한 감정과 마주하는 것이 싫어서 중단되거나 유야무야된 일은 뒤돌아볼 생각을 하지 않는다.

그런데 우리가 미처 생각하지 못해 놓치고 있는 사실이 있다. 하려고 했던 일을 완수했든 아니면 중단했든, 우리는 그러한 일을 통해 조금씩 성장하고 발전한다는 것이다. 앞서 예를 든 유튜브 채널 운영은 비록 성과 없이 끝나버렸지만, 나를 조금 더 성장하고 발전하게 했다. 유튜브 채널 운영에 지식이 전무했던 내가 동영상을 제작하고 업로드하는 지식과 스킬을 얻어 자신감이 생겼으니 말이다. 남들이 보기엔 별것 아닐지 몰라도 내게는 분명 성장이고 발전이다. 그 일을 시작하기 전과 비교해 확실히 달라졌기 때문이다.

모든 일은 그런 요소를 담고 있다. 완수한 일은 완수한 대로, 중단한 일은 중단한 대로 그 안에서 배울 점이 생긴다. 그 과정에서 얻은 교훈은 미래에도 활용할 수 있다. 유야무야된 일도 마찬가지다. 그것들은 자신을 조금 더 나은 단계로 성장하고 발전하게 만들어 준다. 완수한 일이라고 해서 배울 것만 있는 것도 아니고, 중단된 일이라고 해서 배울 게 전혀 없는 것도 아니다. 배워야 할 점과 버려야 할 점, 강화할 점과 고쳐야 할 점 등이 뒤섞여 존재한다. 어떤 시각으로 바라보느냐에 따라 모든 결과에는 미래의 행동과 선택에 도움을 줄 만한 교훈과 시사점이 있다. 확실한 것은 그러한 교훈이나 시사점을 놓치지 않고 발견하여 자기 것으로 만드는 사람이 그렇지 못한 사람에 비해 성공적인 삶을 살아갈 가능성이 크다는 것이다.

흔히들 인생을 장거리 경주에 비유한다. 백세시대라고들 하지만, 우리나라 사람들의 평균 수명은 그보다 적은 83세 정도다. 그 긴 세월을 사는 동안 성장하고 발전하는 사람들도 있지만 뒷걸음치며 퇴보하는 사람들도 있다. 자신의 지난날을 되돌아보며 그 안에서 배울 점과 버릴 점을 찾아 미래의 삶에 투영하는 사람들은 성장하고 발전해 나가지만, 지나간 삶에서 교훈을 찾지 못하는 사람들은 제자리걸음을 하거나 퇴보할 가능성이 높다.

물론 단정적으로 이야기할 수는 없다. 워낙 예상치 못한 일들이 많이 일어나니 말이다. 하지만 삶이라는 것을 작은 발걸음을 떼며 더 높은 곳을 향해 꾸준히 걸어가는 일에 비유한다면, 걸음걸음마다 디딤돌이 받쳐준다면 더욱 수월하게 그 길을 갈 수 있을 것이다.

계획한 일을 완수했든 중단했든 자신이 하던 일을 마무리 지어야 하는 이유가 바로 여기에 있다. 지나간 일을 어떻게 마무리하느냐에 따라 미래의 선택이 달라지고 그 선택의 결과가 다가올 삶의 질을 바꿔놓을 수 있기 때문이다.

하던 일을 마무리 짓는 행위는 완수 혹은 중단 여부와 상관없이 모든 일에 해당된다. 유야무야된 일도 마찬가지다. 대부분의 사람이 필요성을 인식하지 못하지만, 특히나 완수하지 못한 채 중단된 일일수록 더더욱 지난 과정을 되돌아보며 마무리하는 과정이 필요하다. 그런 일들은 마무리하지 않으면 시간이 지나면서 바위에 새긴 글귀가 풍화 작용을 받아 흐릿하게 지워지는 것처럼 기억 속에서 사라지고, 처음의 상태로 돌아가기 때문이다. 그렇게 되면 아무런 교훈도 얻지 못해 언젠가는 같은 실수를 되풀이할 수도 있다. 사소한 듯 보이지만 마무리를 잘하는 것만으로도 스스로 달라지는 모습을 마주하게 되고, 성찰과 피드백의 고리를 통한 메타인지 역량도 키워나갈 수 있다. 이를 어떻게 할 수 있는지 그 방법은 차차 살펴보기로 하자.

2장
왜 시작한 일을 마무리하지 않을까?

완수 여부와 관계 없이 시작한 일을 마무리하는 것이 중요함에도 불구하고, 많은 사람들이 일의 마무리에 소홀하다. 어쩌면 무심하다고 표현할 수도 있다. 나 역시 30여 년의 직장 생활 동안 종종 성공한 일을 뒤돌아보며 정리하곤 했으나, 실패하거나 중간에 흐지부지된 일을 마무리한 적은 없는 것 같다. 실패한 일을 돌아보며 교훈을 얻어야 한다는 조언은 계속해서 들었으나, 실행에 옮기지는 않았다. 이익 집단인 기업에서조차 마무리가 소홀한데, 개인적인 차원에서 마무리에 미흡하다는 것이 새삼스럽지는 않다.

인간은 왜 그럴까? 한 번쯤은 시작한 일을 마무리 짓지 않고 넘어가는 이유가 무엇인지 짚고 넘어가는 것도 도움이 될 것이다.

부정적 정서가
마무리를 방해한다

마무리에 소홀한 가장 큰 이유는 하던 일을 마무리해야겠다는 생각이 들지 않기 때문일 것이다. 즉, 굳이 시간을 내어 하던 일을 마무리하기가 영 내키지 않는 것이다. 주로 하던 일이 실패로 끝나거나 중도에 하는 둥 마는 둥 끝났을 때 이런 상황에 놓이기 쉽다. 하던 일이 계획대로 잘 끝나고 목표를 달성하면 뇌에서는 보상 중추가 활성화되고 기쁨과 만족을 느끼게 하는 쾌감 호르몬인 도파민이 분비된다. 하여 기분이 좋아지고 성취감 또한 느낄 수 있다. 긍정적인 사고를 북돋아 주는 세로토닌이나 옥시토신과 같은 신경 전달 물질의 분비도 늘어나고 이로 인해 의욕이 높아진다.

완수한 일이 갖는 의미가 크면 클수록 기쁨의 강도도 커지겠지만, 아무리 작은 일이라고 해도 일단 끝까지 마무리하고 나면 기분은 좋을 수밖에 없다. 이처럼 기분이 좋은 상황에서는 마음이 무엇을 해도 다 받아들일 준비를 한다. 너그러워지고 새로운 것에 대한 수용성이 커진다. 그래서 지나간 일을 돌아보며 마무리하는 데에 거부감이 없다.

반면에 완수하지 못한 일은 다르다. 뒤에서 더 자세히 살펴보겠지만, 실패로 끝난 일이나 유야무야된 일에 대해서는 긍정적인 감정을 느끼기가 어렵다. 긍정적인 감정보다는 부정적인 감정이 앞선다. 일의 성격에 따라 달라지겠지만 스트레스 호르몬인 코르티솔이나 에피네프린으로 인해 예민하고 긴장한 상태가 되어 기분이 나빠질 수 있다.

공인회계사 자격증 취득과 같이 아주 중대한 일을 추진하다 실패한 경우에는 분노를 느끼거나 좌절감, 자괴감, 자기비하의 감정에 빠져들 수도 있다. 사소한 실패나 별로 중대하지 않은 일을 하다 그만두었을 때는 그런 감정까지 이르지는 않겠지만, 개인적으로 중요한 일이었거나 나름 의미가 있었던 일이라면 중단되거나 유야무야된 상황에서 썩 기분 좋은 감정을 느낄 리 없다. 속상한 일을 들춰보면서 마무리하려는 마음이 쉽게 들지 않을 것이다. 이런 상황에서 자신이 한 일을 돌아보는 것은 마치 상처 난 곳에 소금을 뿌리는 행위처럼 쓰라릴 수 있다. 아무리 머릿속에서는 지난 일을 되돌아보며 마무리해야 한다고 생각하더라도 실제로 그것을 실천으로 옮기기는 어려울 것이다. 이렇듯 마음속에서 시작한 일을 마무리하고 싶은 의욕이 생기지 않는 것이 첫 번째 이유이다.

자신의 결점을
마주하기가 두렵다

바로 앞에서 부정적 정서로 인해 의지가 생기지 않는다고 했는데, 부정적 정서를 일으키는 주된 요인 중 하나는 자신의 솔직한 모습을 마주하기를 두려워하는 마음이다. 중단된 일이나 유야무야된 일을 돌아보는 것은 그리 즐거운 일이 아니다. 이러한 일들을 마무리할 때 반드시 따져보아야 하는 것이 '중단된 원인'이나 '유야무야된 이유'이다. 실패해서 중단됐든 자신이 포기했든 중간에 멈춘 원인을 찾아내고 그것을 제거함으로써 미래에 같은 일이 반복되지 않도록 해야 하기 때문이다.

그런데 그런 원인을 되짚다 보면 귀책사유가 자신에게

있는 경우가 많다. 가끔 환경적인 측면 혹은 외부적인 요인에 의해 어쩔 수 없이 일이 중단되거나 유야무야되는 상황도 있기는 하다. 최선을 다했으나 운이 따르지 않았다거나, 사법시험이 폐지된 것처럼 환경이 바뀌어 더 이상 일을 추진하는 것이 무의미해져 그만둘 수도 있다. 하지만 어떤 일은 자신의 잘못으로 중단하게 되거나 유야무야되는 경우도 있다. 이런 일들을 되돌아보면 마주하고 싶지 않은 자신의 민낯을 보게 된다. 물론 스스로를 솔직하고 냉정하게, 객관적인 관점에서 바라보려는 마음가짐이 있는 사람들에게만 해당되는 이야기지만 말이다.

아무튼 지난 일을 되돌아보면 부끄러워 드러내고 싶지 않은 측면과 덮고 싶은 단점, 다른 사람들이 몰랐으면 하는 결점 등이 드러날 수 있다. 스스로 알고 싶지 않은 문제점을 발견할 수도 있다. 이러한 것들을 보는 일이 편하지만은 않기에 되도록 자세히 들여다보고 싶어 하지 않는다.

특히나 이미 알고 있는 원인이나 여러 차례 고치려고 노력했지만 반복되는 원인이라면 마음은 더욱 불편해진다. 비록 타인은 미처 알아챌 수 없고 자신만 아는 것이더라도 약점이 드러나는 듯한 느낌에 속이 상할 수도 있다. 가능한 한 숨기고 싶지만, 실패하거나 흐지부지 끝난 일을 돌아보면 결국 그런 부분과 마주하게 된다. 그러니 굳이 뒤돌아볼 마음이 들지 않는 것이다. 인간의 뇌는 불편한 상황, 스트레스가 예상되는 상황을 피하려는 성향이 있다. 그 감정을 피하려고 지나간 일을 덮어두는 것인데, 이것이 곧 일을 마무리하지 않는 이유 중 하나가 된다.

왜 마무리가
필요한지 모른다

일을 마무리 짓지 않는 세 번째 이유는, 마무리의 필요성 자체를 잘 느끼지 못하기 때문이다. 의지가 뛰어나거나 미래에 대한 계획과 준비가 철저한 일부 사람들을 제외하고 상당수는 해야 할 필요성을 느끼기 전에는 무언가를 하려고 하지 않는다. 살면서 외국인을 만나 대화할 일이 없거나, 외국어로 된 문서를 읽을 일이 없는 사람들은 굳이 외국어를 공부하려고 하지 않는다. 필요성을 느끼지 못하기 때문이다. 외국어를 못해 불편함을 느끼고 그것이 피부로 와닿아야 비로소 외국어를 공부해야겠다는 생각이 든다. 문화적 소양을 높여야 할 필요성을 느끼지 못한 사람들은 굳이 비싼 돈 들여가며 뮤지컬이나 오페라 등의 공연을 관람하려고 하지 않는다. 떠들썩한 술자리로 채울 수 없는, 문화생활이 주는 심리적 위안과 만족감이 필요해질 때 비로소 문화생활에 관심을 가진다. 친구나 주위 사람들의 소중함을 느껴보지 못한 사람들은 굳이 주변 사람들을 관리할 필요성을 느끼지 못한다. 기쁜 일이나 슬픈 일이 생겼을 때, 주위에 마음을 주고받을 만한 사람이 없을 때 밀려오는 안타까움과 불편을 느껴봐야 사람의 중요성에 대해 깨닫게 된다.

이와 같이 다수의 사람은 하던 일을 마무리해야 할 필요 자체를 느끼지 못하는 경우가 많다. 마무리하는 습관이 들지 않았거나, 훈련이 되어 있지 않아 마무리를 통해 얻어지는 효과를 느껴보지 못했기 때문이다. 일을 마무리하는 것은 해도 그만 안 해도 그만이라고 여길 수 있다. 이는 전적으로 결과 중심적인 사고 때문이다. 완수한 일이라면 마무리와 관계없이 그 일을 통해 얻을 수 있는 결과는 달라지지 않는다. 중단하거나 유야무야된 일도 마찬가지다. 과정을 뒤돌아봐도 결과가 똑같으니, 결과를 중시하는 사람이라면 굳이 지난 일을 마무리할 필요성을 느끼지 못하는 것이다. 자신이 한 일이므로 무엇이 잘됐고 무엇이 잘못됐는지 전부 파악하고 있다는 착각도 한몫한다. 그러니 굳이 마무리에 시간을 할애하려고 하지 않는다.

이런 사람들은 지난 일을 테이블 위에 올려놓고 미주알고주알 따져가며 마무리할 때 얻을 수 있는 장점을 알지 못한다. 한 번이라도 하던 일을 마무리하면서 긍정적인 느낌을 받으면 마무리의 필요성을 느낄 수 있지만 그런 경험이 없으니 좋은지 나쁜지를 모르는 것이다. 학교나 회사에서도 마무리의 중요성에 대해 알려주는 사람은 없다. 그래서 어쩌면 이런 현상은 개인의 책임이라기보다 사회적 책임에 가까울 수도 있지만, 아무튼 경험의 부재가 필요성 인식의 부재로 연결되는 셈이다. 만일 어떤 일이든 끝이 났을 때 마무리하는 것을 습관화하고 그것을 통해 얻을 게 많다는 것을 알게 된다면 스스로 나서서 마무리하지 않을까 싶다.

'빨리빨리'라는 사회적 분위기

외국에서 살아보거나 외국인들의 성향을 파악해 볼 기회가 많지 않아 단정 짓기는 어렵지만, 대체로 우리나라 사람들이 마무리에 소홀하다는 느낌이 든다. 나 역시 한국 사람이기에 크게 다르지 않다. 필요성을 느끼기 전까지는 시작한 일을 자발적으로 마무리한 적이 거의 없다. 주변 사람들도 마찬가지다. 자신이 하던 일을 마무리하는 이를 주위에서 거의 보지 못한 것 같다. 무엇 때문일까? 왜 우리나라 사람들은 마무리를 짓는 뒷심이 약한 것일까? 이건 어쩌면 역사적 경험 속에서 만들어진 한국인의 기질적인 특성일 수도 있다. 근대화 이후로 우리나라는 격변의 시대를 맞이하며 세상의 변화에 뒤처지지 않도록 보조를 맞추어야 했고 산업화 시기를 거치면서 가난에서 벗어나는 것이 급선무였다. 그 시기에는 무엇이든 '빨리빨리' 하지 않으면 안 되었고, 그러다 보니 전 국민이 빨리빨리 문화에 익숙해졌다. 밥을 먹을 때도 5분이나 10분 이내로 해치워야 될 정도였다. 실제로 과거의 고도 성장기에는 그런 문화가 필요했으며 실질적으로 도움이 되기도 했다. 그런 사회적 분위기 속에서 이미 지난 일을 붙잡고 뒤돌아보기보다는 빠르게 다음 일을 하는 것이 더욱 바람직했다. 지난 일을 되돌아보며 시사점을 찾아내려고 하면 '굳이 끝난 일을 뭐 하러 붙잡고 있어? 그럴 시간에 다음 일이나 해'라며 다그치는 분위기였다. 지난 일을 마무리하는 걸 불필요한 시간 낭비라 여겼다. 그래서 끝난 일을 놓고 마무리를 한다며 시간을 보내기보다는 새로운 일에 시간을 투자하려는 관습이 자리 잡게 되었다.

곰곰이 생각해 보면, 우리나라 사람들은 OECD 국가 중에서도 노동 시간이 길기로는 상위권에 속해 늘 업무에 치여 지낸다. 다음 일을 빨리 처리해야 부담이 덜하기 때문에 마무리는 자연스럽게 후순위로 밀려날 수밖에 없다. 너무도 오랜 기간 이러한 환경에 익숙해지면서, 일 처리 속도보다 결과물의 질적인 완성도를 중시하는 시대가 되었음에도 몸에 밴 습관을 쉽게 바꾸지 못하고 있는지도 모른다. 여전히 앞으로 처리해야 할 일을 먼저 챙기는 것이 더 바람직하다고 여기기 때문일 수 있다. 과거의 경험을 통해 우리나라 사람들의 DNA 속에 새겨진 '빨리빨리' 정신이 여전히 위력을 발휘하고 있는 것이다. 그러나 자신이 시작한 일을 잘 마무리하는 것만으로도 역량이 올라갈 수 있음을 생각해 보면, 이젠 스피드보다는 일의 질에 더욱 신경을 기울일 필요가 있어 보인다. 서둘러 다음 일에 착수하는 것보다는 지나간 일을 되돌아보며 의미 있게 매듭짓는 것이 중요함을 이제라도 깨달아야 한다.

게으름으로 인한
습관적인 미루기

시작한 일을 마무리 짓지 않는 이유 중에는 게으름도 포함될 것이다. '타임푸어'라는 말이 있을 정도로 많은 사람이 시간에 쫓기며 산다. 어떤 사람들은 잠잘 시간조차 없다고 하소연한다. 하루 24시간이 부족한 것처럼 바쁘게 사는 사람들도 많다. 이 부족한 시간에 지난 일을 붙잡고 있는 것은 사치처럼 보일 수도 있다. 다들 정말 일이 많아서 그토록 바쁘게 사는 것일까? 꼭 그렇지만도 않다. 자세히 들여다보면 시간이 부족한 이유가 게으름 때문인 경우도 있다. 게으름을 부리다 시간을 헛되이 써 버리니 시간이 부족해지는 것이다. 근무 시간에 피우는 게으름 때문에 일과 시간이 부족해져 퇴근 시간이 늦어지고, 밤늦도록 게임과 유튜브 동영상을 보며 게으름을 피우기 때문에 잠이 부족해지는 것이다. 그런 것을 두고 게으름이라고 싸잡아 비난하기에는 다소 미안하지만, 이러한 이유로 시간이 없는 경우도 많다. 정말 24시간을 쉴 새 없이 일만 하며 정신없이 바쁘게 지내는 사람은 상대적으로 그리 많지 않다.

사실 게으름은 인간의 본능이기도 하다. 뇌는 기본적으로 다른 동물들처럼 생물적 본능을 따르려는 성향이 있다. 의식하고 살지는 않지만, 생존과 번식이라는 본능에 충실하려고 한다. 인류의 역사가 시작되던 1만 년 전에는 자신을 죽일 수 있는 다른 부족이나 힘센 야생 동물이 나타나면 생존을 위해서 맞서 싸우거나 죽을힘을 다해 도망가야만 했다. 그러자면 비축된 힘이 필요했다. 힘이 없으면 싸우지도 못하고 도망가지도 못하니 말이다. 그래서 필요한 순간에 활용할 수 있도록 꼭 필요한 일 외에는 에너지를 소모하지 않고 아껴두었다.

에너지를 아끼려면 부지런해서는 안 된다. 무언가를 분주하게 하는 동안 필연적으로 에너지가 소모되기 때문이다. 가만히 자리에 누워 게으름을 피워야만 에너지를 비축할 수 있다. 이처럼 인간의 선천적인 본능은 게으름을 선호한다. 시대가 바뀌고 꾀부리지 않고 근면 성실하게 일하는 것을 최상의 가치로 치는 미국의 청교도주의가 세상을 지배하면서 게으름이 죄악시되기는 했지만 말이다.

목표한 일을 모두 완수했든 아니면 중단되거나 유야무야되었든, 사람들은 일이 끝나면 곧바로 그 일을 마무리하려고 하지 않는다. 어떤 일이든 그것을 하느라 들인 노력에 대한 보상으로 휴식을 취하고 싶어 한다. 입던 옷을 벗어 바로 세탁하지 않고 세탁 바구니에 넣거나, 식사를 마치고 바로 설거지를 하지 않고 개수대에 넣어 두는 것과 비슷하다. '잠시 쉬었다 하자'라는 생각으로 일을 미루고 게으름을 피우지만 한 번 게으름을 피우면 그것에서 벗어나기 쉽지 않다. 게으름을 선호하는 뇌를 거슬러 당장 행동하는 게 어렵기 때문이다. 그래서 저녁에 먹은 그릇이 아침까지 개수대에 남아 있고, 빨래 바구니가 가득 찰 때까지 빨랫감이 쌓이는 것이다. 이처럼 무언가 하던 일이 끝났을 때 바로 그 일을 뒤돌아보면서 정리하기 무척 어렵다.

'앉으면 눕고 싶고, 누우면 자고 싶다'라는 말처럼 어떤 일이 끝나면 잠시 쉬고 싶어지고, 잠시 쉬다 보면 더 오래 쉬고 싶고, 그러다 보면 마음과는 달리 시간이 많이 지날 수 있다. 그렇게 미루다가 어느 정도 시간이 흐르면 그 일은 이미 오래전에 끝난 일처럼 느껴지고, 새삼스럽게 마무리 짓는 게 무의미하게 여겨질 수 있다. 이미 끝난 일이고, 다음 일도 기다리고 있는데 꼭 마무리할 필요가 느껴지지 않으니 은근슬쩍 넘어가려고 한다. 게으름이라는 인간의 본능에 굴복하고 마는 것이다.

끝내야 할
동기가 부족하다

사람이 살면서 하고 싶은 일만 하며 살 수는 없다. 가끔은 어쩔 수 없이 하고 싶지 않은 일을 해야 하는 경우도 있다. 즉, 동기 자체가 결여되었음에도 불구하고 해야만 하는 일이 있는 것이다. 대학생들이 취업 준비를 위해 스펙을 쌓으려고 다양한 활동을 하지만, 모두가 그런 일을 원해서 하는 것은 아닐 테다. 이런 식의 일들은 중도에 중단하거나 유야무야 끝나는 경우가 많다. 당연히 하고 싶어서 시작한 게 아니다 보니, 일을 마무리해야 한다고 생각하기도 쉽지 않다.

'동기'는 외재적 동기와 내재적 동기로 나눌 수 있다. 외재적 동기는 결과에 따라 주어지는 칭찬이나 보상을 얻기 위해 발생하는 동기를 말한다. 또는 처벌이나 제재 등을 피하고자 억지로라도 해야 하는 경우도 이에 해당된다. 아이들이 공부를 열심히 하는 것은 성적을 잘 받아서 좋은 학교에 진학하려는 이유도 있고, 부모들의 잔소리나 으름장을 피하고 싶어서이기도 하다. 직장인들이 회사에 다니는 것도 월급이라는 외적 요인이 있기 때문이다. 외재적 동기에 의해 시작한 일은 그 동기가 사라지면 더 이상 진행되지 않는다. 월급이 없는 직장에 무급으로 봉사할 사람은 없기 때문이다.

외재적 동기와는 다르게, 내재적 동기는 내면에서 우러나는 자발적인 의지에서 비롯된다. 지식이 풍부한 사람이 되고 싶다는 욕망이 생기면 책을 열심히 읽게 된다. 예술적으로 탁월한 견해를 가진 사람이 되고 싶을 때 음악이나 미술 공부에 관심이 생긴다. 그래서 무언가에 싫증을 느끼지 않고 오랜 시간 꾸준히 지속하는 가장 좋은 방법은 내적 동기를 갖는 것이다. 그 일을 해야 하는 타당성을 내부적으로 갖추는 것이 가장 좋다.

하지만 가끔 내재적 동기 없이 외재적 동기 혹은 이도 저도 아닌 애매모호한 상황에서 마치 등 떠밀리듯 시작하는 일들도 있을 수 있다. 이런 일은 완수해도 크게 기쁘지 않고 중단해도 크게 낙담할 이유도 없다. 그러다 보니 일이 어떻게 되든 별 신경을 기울이지 않는다. 요행히 완수하면 다행이지만 중단하거나 유야무야될 가능성이 크다. 이런 일은 스스로 나서서 시작하지 않았기 때문에, 그 일에서 완수할 수 있었던 요인과 중단될 수밖에 없었던 요인을 찾아내고, 성찰과 반성을 통해 더욱 발전적인 단계로 나아가려는 의지 자체가 생기지 않는다. 일 자체에 큰 의미를 두지 않았기 때문에 일이 끝났다고 해서 특별히 신경 쓸 이유가 없는 셈이다. 하는 것도 아니고 안 하는 것도 아닌, 애매하게 심적 부담만 되던 일을 벗어던짐으로 오히려 홀가분한 기분을 느낄 수 있다. 완수와 중단 여부를 떠나 일에서 벗어난 것 자체로 마음의 부담을 덜 수 있으니 굳이 이런 일에 대해 뒤돌아보며 마무리하려고 하지 않는다. 자신과 무관한 일로 여기고 그만 선을 그어버리려고 한다.

배우려는
의지가 없다

인간은 학습의 동물이다. 지나간 일, 과거의 경험을 통해 미래의 사고와 행동에 도움이 될 수 있는 요소들을 발견하고 그로부터 배움을 얻으려고 한다. 인간뿐 아니라 어느 정도 지능이 있는 모든 동물이 학습을 한다. 하지만 인간처럼 고도의 인지 활동을 통해 학습하는 동물은 없다. 인간이 다른 동물들과 비교할 수 없이 찬란한 문명사회를 건설하고 눈부신 발전을 거듭해 온 바탕에는 인간만의 학습 능력이 깔려 있다. 배움이야말로 인간을 지구상에서 가장 발전된 존재로 만든 핵심 요인이다. 그런데 간혹 배움 자체에 관심 없는 사람들이 있다. 이런 사람들은 개인의 성장과 발전이 학습을 통해 이루어진다는 사실을 깨닫지 못한다. 주어진 일이 어떤 일이건 그것을 통해 조금이라도 이전과 달라지고 발전해 나간다는 점을 인지하지 못한다. 지나간 일에서 미래를 대비할 값진 교훈을 발견할 수 있다는 사실을 모른다.

자신이 한 일을 돌아보는 가장 큰 이유는 배움이다. 완수한 일은 완수한 일대로, 중단되거나 유야무야된 일은 그것대로 뒤돌아보며 자신이 잘한 것과 못한 것, 고쳐야 할 것과 더욱 발전시켜 나갈 것 등을 발견해야 한다. 이때 발견된 사항들을 다음에 하는 일에 적용해야 현재의 상태보다 나아질 수 있다. 그리고 그것이 배움의 목적이기도 하다.

하지만 배움에 대한 의지가 부족한 사람들은 그런 것을 전혀 고려하지 않는다. 지나간 일을 되돌아보는 것 자체를 시간을 낭비하는 귀찮은 행위라고만 여긴다. 지난 일을 돌아보는 것과 미래를 대비하는 데 도움이 되는 것 사이의 연관성을 발견하지 못한다. 그래서 하던 일을 마무리하면서 교훈을 얻을 생각은 하지 않는다. 그냥 때가 되어 새로운 일을 할 때 몸으로 부딪치며 그때그때 상황에 맞추어서 임기응변하면 된다고 여긴다. 대체로 이런 사람들일수록 시작한 일을 실패해 중단하거나 유야무야 끝내는 경우가 많다.

일을
벌이기만 하는 타입

사람에 따라서는 일을 벌이기를 좋아하는 유형도 있다. 무엇이든 생각이 나면 실행에 옮기고 본다. 추진력이나 실행력 측면에서 보면 상당히 바람직한 스타일이라고 할 수 있다. 해야 할 일을 머릿속에서만 떠올리거나 미적거리며 미루는 타입보다는 훨씬 낫다. 기회를 놓치지 않고 일에 착수해 끝까지 잘 마무리하면 그것만큼 좋은 것도 없을 것이다.

하지만 세상에 완벽한 사람은 그리 많지 않다. 일을 벌이는 만큼 마무리까지 잘하는 사람은 드물다는 뜻이다. 대체로 일을 잘 벌이는 사람들은 뒷심이 약한 경우가 많다. 그래서 벌인 일을 끝까지 밀고 나가 마무리하기보다는 중간에 흐지부지하거나 다른 사람에게 떠넘기고 자신은 또 새로운 일을 찾아가는 경우가 많다.

이런 사람들은 '시작'에만 방점을 둔다. 그래서 일을 시작하는 것을 중요하게 여길 뿐 마무리에는 굳이 신경 쓸 필요가 없다고 여긴다. 자신은 판을 벌이는 것에 책임이 있을 뿐, 그 일을 마무리하는 단계까지 자신의 몫이라고 생각하고 싶어 하지 않는다. 대체로 이런 생각이 있는 사람은 스스로를 유능하다고 여기거나 남들이 주저하고 꺼리는 일을 앞장서서 해결하고 싶어 하는 성향을 보인다. 나서는 것을 좋아하는 일명 '나서기' 들이다. 하지만 막상 일을 벌이고 보니 초반의 생각과는 다르게 전개되거나, 진행이 생각만큼 쉽지 않은 경우가 있다.

이런 경우 일을 벌인 사람들은 책임에서 자유로워지기 위해 슬그머니 발을 뺀다. 자신이 주도해서 모임을 만들어 놓고 시간이 지나자 다른 사람에게 모임장을 떠넘기거나, 자신이 앞장서서 판을 벌여놓고 바쁘다는 핑계로 슬그머니 모습을 감추기도 한다. 이런저런 이유로 중도에 빠져나가고 또 새로운 일을 시작한다.

이런 사람들의 특징은 일을 끝까지 완수한 경험이 그리 많지 않다는 것이다. 보통은 마무리할 단계까지 이르지 못하기 때문에 마무리의 필요성을 느끼지도 못하고 중요성을 알지도 못한다. 판을 벌이는 것은 좋아하지만 수습하는 데에는 관심이 없다 보니 마무리에 소홀할 수밖에 없다.

3장
시작만 하고 끝내지 않으면 벌어지는 일들

일생을 살아가면서 미처 헤아릴 수도 없이 많은 일들을 추진하는데, 굳이 그때마다 마무리를 해야 할까? 완수한 일이라면 모르겠지만 편치 않은 마음을 달래가며 굳이 중단한 일까지 마무리할 필요가 있을까? 마무리를 중요하게 생각하지 않는 사람들이 품고 있을 이런 의문에 대한 방증처럼, 실제로 마무리에 힘을 쏟는 사람들의 수가 현저히 적기는 하다.

하지만 시작한 일을 마무리 짓는 것은 여러 가지 측면에서 중요한 의미가 있다. 완수나 중단 여부를 떠나서 마무리를 잘 짓는 사람과 그렇지 못한 사람 간에는 시간이 지나며 삶의 질 측면에서 큰 격차가 생길 수 있다. 이제 마무리를 잘해야 하는 이유와 마무리를 제대로 하지 않으면 벌어지는 일들을 살펴보도록 하자.

자이가르닉 효과로 인한
두뇌 기능의 저하

텔레비전에서 방영되는 시리즈 드라마나 연작 형식의 예능 프로그램을 보면 긴장이 고조되거나 재미가 절정에 달하는 순간에 느닷없이 끝나버리는 경우가 많다. '아~'하는 긴 탄식과 함께 '왜 하필이면 여기서 끝나는 거야?' 같은 불만이 절로 들 정도로 아쉬움이 남곤 한다. 그다음은 어떻게 되었을까 하는 궁금증이 솟아오르고 한참 동안 미련이 가시지 않는다.

왜 이런 현상이 발생할까? 방송국에서 영상을 편집하다가 우연히 그렇게 된 것일까? 절대 그렇지 않다. 철저하게 의도된 상황이다. 사람들은 그렇게 궁금증을 남기고 끝난 드라마나 예능 프로그램을 쉽게 기억 속에서 지우지 못한다. 엔딩 장면이 계속 머릿속에 잔상처럼 남아 시도 때도 없이 떠오르곤 한다. 그래서 후속편도 잊지 않고 챙겨보겠노라 마음먹고 같은 시간에 텔레비전 앞에 앉는다. 만일 궁금증을 남기지 않고 긴장이나 재미가 해소된 상태에서 전편이 끝난다면 사람들의 머릿속에서는 그 내용이 모두 잊혀지고 후속편에 대한 호기심이 생기지 않을지도 모른다. 안 그래도 바쁜 일상생활 속에서 굳이 그 프로그램을 챙겨 볼 이유가 사라지는 것이다. 이는 심리학에서 말하는 '자이가르닉 효과 Zeigarnik effect'를 이용한 것인데, 미처 마무리 짓지 못한 일이 마음속에 남아 쉽게 잊히지 않는 현상을 말한다.

블루마 자이가르닉 Bluma Zeigarnik 은 리투아니아 출신으로 러시아에서 활동한 여성 심리학자다. 그는 동료들과 식당에 갔다가 한 가지 특이한 현상을 포착한다. 한번에 많은 사람들의 주문을 받은 웨이터가 아무런 실수 없이 주문한 음식들을 정확히 서빙하는 광경이었다. 자신의 테이블뿐 아니라 주변의 테이블 전부 마찬가지였다. 그 모습을 보면서 블루마는 놀라지 않을 수 없었다.

단품 요리 위주로 주문이 끝나는 우리나라 식당과는 달리, 서양 레스토랑의 코스 음식 주문은 꽤 까다롭고 복잡하다. 전채는 무엇으로 할 것인지, 메인 메뉴는 생선으로 할 것인지 고기로 할 것인지, 고기로 할 경우 굽기의 정도는 어떻게 하고, 곁들여 나오는 가니시는 무엇을 선택할 것인지, 후식은 무엇으로 할 것인지 등을 조합하면 주문이 완성되므로 그 경우의 수가 굉장히 다양해진다.

이것을 헷갈리지 않고 정확하게 기억했다가 실수 없이 주문한 사람에게 가져다준다는 건 보통 어려운 일이 아니다. 그럼에도 블루마가 지켜본 웨이터는 메모도 하지 않으면서 모든 사람들의 주문을 빠짐없이 정확하게 기억했다. 그 장면을 보고 궁금증이 생긴 블루마는 식사를 마친 후 주문을 받은 웨이터를 찾았다. 그리고 그에게 주문받은 음식이 어떤 것이었는지 기억나냐고 물었다.

그러자 웨이터는 전혀 기억나지 않는다며 머리를 긁적였다. 분명 주문을 받고 서빙을 할 때만 해도 정확하게 기억했던 주문 내역을 겨우 1시간 정도가 지난 후에는 전혀 기억하지 못했다. 블루마의 의문에 대해 웨이터는 이미 처리된 주문은 머릿속에 담아 둘 필요가 없다고 대수롭지 않게 대답했다. 처리되지 않은 주문은 실수하지 않기 위해 잘 기억해야 하지만 이미 처리된 주문은 굳이 기억에 담아 둘 필요가 없다는 말이었다.

블루마는 웨이터와의 대화에서 영감을 얻어 하나의 실

험을 기획한다. 미완의 과제가 사람들의 기억에 어떤 영향을 미치는지 살펴본 것이다. 그는 164명의 지원자를 모집한 후 동일한 과제를 부여하고 그것을 수행하도록 했다. 그가 내준 과제는 수학 문제를 풀거나, 구슬을 꿰거나, 시를 쓰는 등 다양했다. 의도한 실험을 위해 블루마는 지원자를 두 그룹으로 나누고 감독을 배치했다. 한 그룹은 주어진 과제를 처음부터 끝까지 집중해서 해결할 수 있도록 감독이 따로 개입하지 않았다. 반면에 다른 한 그룹은 과제를 수행하는 중간에 감독들이 방해 공작을 펼쳐 과제를 수행하지 못하도록 만들었다. 어떤 과제는 방해 없이 끝까지 풀도록 놔두기도 했지만, 어떤 과제는 중간에 방해하는 식으로 개입했다. 어떤 과제는 문제를 푸는 중간에 강제로 그만두게 하고 다음 과제로 넘어가도록 만들었다. 과제가 미완성 상태로 남도록 조치한 것이었다.

그렇게 준비된 실험이 모두 끝나고 그는 실험 참가자들에게 질문을 던졌다. 자신이 수행한 과제 중 어떤 과제가 가장 기억에 남는지 물어보는 내용이었다. 결과는 방해를 받지 않고 과제를 완료한 쪽에 비해, 중간에 과제 수행을 방해받은 쪽이 과제를 기억해 내는 비율이 2배나 높았다. 방해받지 않고 끝까지 과제를 마친 그룹이 과제 내용을 기억해 낸 비율은 32%였다. 반면에 감독이 중간에 수행을 그만두라고 하거나 방해한 그룹이 과제 내용을 기억해 낸 비율은 무려 68%에 이르렀다. 그것들은 모두 끝마치지 못한 과제였다.

이 실험 결과는 블루마의 가설과 완벽하게 일치했다. '과제를 모두 수행하여 목표를 달성하고 나면 그 일은 기억에서 쉽게 잊힌다. 하지만 과제를 완료하지 못하면 마치지 못한 일에 미련이 남고, 그것은 기억 속에서 쉽게 잊히지 않는다.' 이것을 두고 그는 자신의 성을 따서 '자이가르닉 효과'라고 이름 붙였다.

앞서 이야기한 시리즈로 진행되는 드라마나 예능 프로그램이 전편의 내용을 완벽하게 마무리 짓지 않고 결정적인 순간에 끝을 내는 이유도 여기에 있다. 기억 속에 잔재를 남김으로써 다음 회차에도 시청자들이 텔레비전 앞으로 모여들게 만들려는 의도가 담겨 있다. 드라마뿐만 아니라 광고나 게임 등에서도 기억을 되살리기 위한 점화 장치로써 자이가르닉 효과를 의도적으로 활용하는 경우가 많다. 예를 들어 골프 같은 운동을 떠올려 봐도, 잘한 샷보다는 아쉽게 실수한 샷이 더욱 기억에 오래 남곤 한다. '그때 이렇게 칠걸…'하는 생각과 함께 말이다. 이런 것들 역시 자이가르닉 효과라 할 수 있다.

자이가르닉 효과는 일을 하는 데 도움이 될까? 다시 말해, 지나간 일의 잔상이 머릿속에 남아 있으면 일을 더 잘할 수 있을까? 당연히 그렇지 않다.

외부에서 전해진 정보들은 바로 기억으로 저장되지 않는다. 정보가 주어지면 그것은 귀 안쪽 깊숙한 곳에 자리 잡은 '해마'라는 두뇌 부위에 임시로 저장된다. 해마는 필요에 의해 짧은 시간 동안만 정보를 보관하는 단기 기억 저장 창고다. 이 부위가 손상되면 영화 〈메멘토〉의 주인공처럼 최근에 일어난 일을 기억하기 힘들어진다. 해마에 단기적으로 저장된 정보는 필요에 따라 장기 기억으로 변환되어 대뇌 피질에 저장되거나, 필요 없다고 판단되면 기억에서 사라진다. 그런데 해마의 크기는 그리 크지 않다. 해마의 저장 공간이 넉넉하지 않다는 뜻이다. 저장 용량에 한계가 있다 보니 저장할 수 있는 정보의 양에도 제약이 따를 수밖에 없다. 그래서 이곳에 많은 정보가 쌓이면 외부에서 새로운 정보를 받아들이기가 힘들어진다. 정보 간에 간섭이 생기기도 하고 새로운 정보를 받아들이면서 기존 정보가 튕겨 나가기도 한다.

계획한 대로 일이 완료되면 그것과 관련된 정보들은 단기 기억 창고인 해마 속에서 사라진다. 웨이터는 이미 처리된 주문을 단기 기억 속에 남겨둘 필요가 없기에 모두 지워버려 떠올릴 수 없었던 것이다. 그런데 만일 주문 받은 내용 중 처리되지 않은 게 있으면 그건 잊지 않고 기억에 남겨두었다가 실수 없이 주문한 손님에게 제공해야 한다.

이처럼 마무리되지 않은 일은 해마 속에 남아 한 공간을 차지하게 된다. 완료되지 않은 과제가 단기 기억 창고에 자리를 잡고 있으면 그만큼 두뇌는 기억 활용 측면에서 비효율적일 수밖에 없다. 더욱 많은 정보를 받아들이고 저장할 수 있음에도 마무리되지 않은 일 때문에 주어진 용량을 충분히 활용하지 못하는 것이다. 한마디로 학습과 기억 측면에서 두뇌 효율이 떨어지는 셈이다.

주의력과 집중력,
작업 기억 역량의 저하

지난 일의 잔상은 주의력과 집중력에도 영향을 미친다. 일을 하면서 성과를 내기 위해서는 당연히 주의력과 집중력이 필요하다. 주의력은 여러 가지 자극이나 정보 중에서 어떤 것에 초점을 맞출 것인가를 결정하는 일종의 선택 능력이다. 주의력이 부족하면 중요한 것과 덜 중요한 것을 구분하기 어려워지고 자극이나 정보를 빠르게 인식하지 못하므로 불필요한 것에 초점을 맞출 수 있다. 그로 인해 잘못된 의사 결정을 내릴 가능성이 커진다.

집중력은 여러 가지 자극을 차단하고 주의를 기울이는 대상에 정신적 자원을 몰입할 수 있는 능력을 말한다. 집중력이 부족할수록 하던 일에서 벗어나 자주 딴짓을 하게 되므로 일의 효율이 감소하고, 문제 해결 역량이 떨어질 수밖에 없다. 무언가를 하다가 미처 마치지 못한 상태에서 다음 일에 착수한다고 가정하자. 자이가르닉 효과에 의해 마치지 못한 일은 기억 속에 남아 잔상이 계속 떠오르게 되고 그렇게 잔상이 떠오를 때마다 주의력이나 집중력은 흐트러질 수밖에 없다.

주의력과 집중력을 관장하는 두뇌 부위는 '전두엽'이다. 전두엽의 기능이 뛰어난 사람은 주의력과 집중력이 높지만, 전두엽의 기능이 떨어지면 이것들이 모두 낮아진다. 자이가르닉 효과로 주의력과 집중력이 떨어지면 전두엽을 충분히 활용하지 못하는 상태가 될 수 있음을 의미한다.

전두엽의 기능이 저하되면 작업 기억 working memory 역량도 낮아진다. 작업 기억은 사고나 판단의 질과 밀접하게 관련되어 있다. 작업 기억이라는 용어가 낯설 수 있으니 잠시 살펴보자.

작업 기억은 '정보를 의식적으로 처리하기 위해 제한된 시간 동안 정보를 기억하고 끄집어내어 활용하는 두뇌의 능력'을 말한다. 1970년대 초반, 심리학자인 앨런 배들리 Alan Baddeley가 이 용어를 보편적으로 통용되도록 정립했으며, 그는 작업 기억을 '언어 이해, 학습, 추론이나 의사 결정과 같은 복잡한 과제를 수행하는 데 필요한 정보를 조작하기 위한 임시 저장소를 제공하는 두뇌의 시스템'이라고 정의했다.

다소 복잡해서 선뜻 이해하기 힘들 수도 있지만, 작업 기억이 뛰어날수록 언어 이해나 학습, 추론이나 분석을 통한 판단 등에서 두각을 나타낼 수 있다는 말이다. 작업 기억 역량이 높아지면 유동성 지능 또한 높아진다. 이렇게 되면 주어진 정보를 활용하여 새로운 응용 문제를 해결하는 능력 또한 좋아진다. 우리가 살아가며 부딪히는 문제들은 답이 이미 정해진 경우보다 처음 맞닥뜨리는 상황에서 기존의 정보를 응용하여 해결해 나가야 하는 경우가 더 많다. 따라서 작업 기억이 뛰어날수록 인생을 성공적으로 살 가능성이 커진다.

블루마 자이가르닉에 따르면 사람들이 무언가 일을 시작하면 뇌 안에서 달성하려는 목표에 대한 정신적 표상이 만들어진다고 한다. 이 표상은 일이 모두 마무리될 때까지 작업 기억에서 활성화된 상태로 남아 있다. 계획대로 일이 끝나면 이 표상은 더 이상 필요하지 않으므로 작업 기억에서 지워진다. 하지만 일이 끝나지 않으면 목표에 대한 정신적 표상은 작업 기억에 계속 남아 긴장이나 인지적 불일치 상태를 유발한다. 인지적 조화를 회복하려면 마치지 않은 일을 완료해야 하지만, 그러지 못하고 완료되지 않은 상태로 방치하면 긴장과 인지적 불일치 상태가 지속되고, 이는 작업 기억 역량에도 영향을 미치게 된다. 이 결과로 사고의 질이 떨어지고 문제 해결 역량이 낮아져 잘못된 의사 결정을 내리는 일이 잦아질 수 있다.

의사 결정의 피로 decision fatigue 현상도 나타날 수 있다. 인간의 모든 사고 활동은 많은 두뇌 에너지 소모를 동반한다. 무언가를 잊지 않으려면 에너지를 소모해야만 한다. 깔끔하게 완료한 과제는 기억 속에서 잊혀지므로 에너지가 소비되지 않지만, 마무리 짓지 못한 일은 머릿속에 남아 에너지 소모를 촉진한다. 마치 자동차가 공회전하면서 기름을 소모하는 것처럼 쓸데없이 두뇌 에너지를 소모하는 셈이다. 무언가 의사 결정할 때 지나간 일의 잔상이 남은 상태면 그것이 두뇌 에너지를 소모하므로 꼭 필요한 일에 소비할 에너지가 줄어든다. 그러면 시간이 지날수록 의사 결정에 필요한 에너지가 부족해지고 판단에 필요한 에너지가 줄어들어 의사 결정의 질이 떨어질 수밖에 없다.

마지막으로 마무리 짓지 못한 일은 인지 능력에도 영향을 미친다. 쉬운 예를 들어보자. 당신 앞에 몰입이 필요한 책이 있다. 문장의 의미를 깊이 생각하며 읽어야 하는데, 그만둔 일의 잔상이 계속 머릿속에 떠오른다면 어떨까? 어느 순간 그 잔상에 주의를 빼앗기고, 눈은 글씨를 따라가는 듯 보여도 언어 중추와 전두엽에서는 그 의미를 이해하지 못한다. 눈으로 본 내용을 뇌가 이해하지 못하고 '내가 지금 뭘 읽었지?'하는 인지 저하가 발생할 수 있다. 어려운 책을 읽다가 잡생각이 나서 책장을 앞으로 넘겨 다시 읽은 경험이 아마 한 번쯤 다 있을 테다.

종합해 보자면, 일을 마무리 짓지 못하면 그 내용의 일부가 기억에 남아 기억 역량을 떨어뜨리고, 주의력과 집중력, 작업 기억 역량을 낮추고, 인지 능력과 의사 결정 능력에도 영향을 미친다. 이러한 일이 반복되면 두뇌는 가지고 있는 역량에 비해 훨씬 낮은 수준의 실력을 발휘할 수밖에 없다.

불편한 심리로 인한 부정적 정서의 증가

무언가 계획했던 일을 끝까지 마치면 어떤 기분이 들까? 예를 들어, 마라톤 풀코스인 42.195km를 5시간 안에 완주하는 것이 목표라고 해보자. 이를 달성하기 위해 열심히 체력 훈련을 하고, 단거리부터 시작하여 1년간 꾸준히 고통스러운 순간들을 참아가며 훈련한 결과 마침내 공식적으로 마라톤 풀코스 완주증을 받아 든다면 그때의 기분이 어떨까? 뇌 안에서 도파민이 샘물처럼 솟아오르고 기분은 하늘을 날아갈 것처럼 좋아질 것이다. 얼굴에서는 웃음꽃이 사라지지 않고 긍정적인 감정이 주변 사람들에게도 행복한 영향을 미칠 것이다.

반면에 고된 훈련을 견디기 힘들어 10km도 완주하지 못하고 어느 순간 흐지부지 노력을 그만두었다고 생각해 보자. 그때는 어떤 기분이 들까? 경기가 열리는 당일, 완주하는 동료들이나 다른 참가자들을 보며 기분이 썩 좋지는 않을 것이다. 얼굴에서는 웃음이 사라지고 어쩌면 괜한 심술이 날지도 모른다. 쓸데없이 주변 사람들에게 애꿎은 감정 해소를 할 수도 있다.

무언가를 마무리하지 않고 남겨두면 마음이 불편해진다. 친구들과의 모임에 나가 중요한 이야기를 하고 있는데, 누군가가 말을 툭 끊어버리고 다른 곳으로 화제를 돌리면 기분이 나쁠 수밖에 없다. 마무리 짓지 못한 일은 잘려버린 말과 같다. 마음속에 남아 불편함을 유발한다.

우리는 문명사회에 살고 있지만 뇌는 원시시대의 습성을 기억하므로 불확실한 상황을 싫어한다. 확인되지 않은 낯선 존재, 확인되지 않은 미심쩍은 식물, 검증되지 않은 생명체 등은 자칫 생명을 앗아가고 생존과 번식이라는 본능에 위해를 끼치는 존재가 될 수 있다. 그런 대상에 대해서는 불편함을 느낀다. 확실하게 검증된 상대와 상황에서만 마음을 놓고 편하게 지낼 수 있는데, 마무리되지 않은 과제가 머릿속에 남아 있는 건 불확실한 상황이 지속되는 것과 다를 바 없다. 그로 인해 불편하고 긴장된 상태가 지속된다면 마치 장전된 권총의 방아쇠에 검지를 걸치고 있는 것과 마찬가지다. 언제 불안감이 폭발할지 모르는 준비 상태와 다름없다.

신경과학자들의 주장에 따르면 이성을 주관하는 두뇌 부위와 감정을 주관하는 두뇌 부위가 다르다. 요즘에는 이 이론이 흔들리고 있지만, 지금까지는 그렇게 알려져 왔다. 이성은 주로 뇌의 가장 바깥 부분에 자리 잡은 대뇌피질의 한 부위인 '전두엽'에서 관장하고, 감정은 '변연계'라고 하는 조금 더 안쪽에 있는 두뇌 부위에서 관장한다.

변연계는 희로애락을 비롯한 모든 감정을 느끼고 쾌감이나 공포 반응 등의 서로 엇갈린 감정들을 주관한다. 변연계 내부에도 여러 부위가 존재하는데, 공포나 불안, 두려움과 같은 불편한 감정들은 주로 편도체라고 하는 부위에서 일어난다. 편도체는 아몬드처럼 생긴 작은 부위로, 생존을 위해 주로 부정적인 감정을 느끼도록 만든다. 어두운 길에서 낯선 사람이 따라오거나, 화가 난 상사의 모습을 볼 때 활성화된다.

이성의 뇌인 전두엽과 변연계의 한 부분인 편도체 사이에는 굵은 신경 다발로 연결된 고속도로가 놓여 있어 서로 긴밀하게 신호를 주고받는다. 편도체에서 늘 긴장되고 불안한 신호들을 보내도 평상시에는 전두엽이 별일 없으니 진정하라는 신호를 보내 감정을 통제하고 억누른다. 하지만 무언가 마음을 불편하게 만드는 일이 생기면 편도체로 흘러 들어가는 두뇌 에너지는 많아지는 반면, 전두엽으로 가는 에너지는 줄어들어 감정 통제가 잘 이루어지지 않는다. 여차하면 감정이 폭발 직전의 상태에 이를 수 있다.

이것이 심해지면 부정적인 감정으로 이어지기도 한다. 심리학자 페리 버핑턴 Perry Buffington에 따르면 끝까지 마무리한 일에서는 긍정적인 만족감을 느끼고 기억 속에서 쉽게 제거할 수 있다고 한다. 반면에 마치지 못한 일에 대해서는 부정적인 감정을 느끼게 되는데, 지금까지 해온 것에 대한 보상 심리까지 더해져 그 감정이 더욱 강해진다고 한다. 누군가와 헤어지고 나서 '나한테 어떻게 그럴 수 있어? 내가 얼마나 잘 해줬는데…!'라고 울부짖는 것이 부정적인 마음과 보상 심리가 결합된 전형적인 모습이다. 편도체는 단기 기억 저장 창고인 해마 바로 옆에 자리 잡고 있기에 기억을 형성하는 데 큰 영향을 미친다. 감정이 결합된 기억은 다른 기억보다 더욱 오래 가는데, 무언가 공포스러웠던 일이나 수치스러웠던 일 등이 쉽게 잊히지 않는 이유도 이 때문이다.

완료하지 못하고 중간에 끝나버린 일에는 아무래도 불편한 감정이 실리게 마련이다. 후회스럽기도 하고 자기 비난이나 비하, 자괴감 등 좋지 못한 감정을 느낄 수도 있다. 때로는 '그런 것 하나 못하는 인간'이라며 스스로를 무능하고 쓸모없는 잉여 인간 취급할 수도 있다. 자기 탓이 아니라고 생각할 때에는 타인을 원망하는 감정을 느끼기도 한다. 이런 것들은 해마에 감정적 덧칠을 해서 더욱 오랫동안 기억 속에 머무르게 만든다. 부정적인 감정이 오래 이어지면 정서로 연결될 수 있는데, 부정적인 정서는 사고나 의사 결정에도 영향을 미친다.

많은 사람들이 인간은 이성적인 존재이기 때문에 감정을 쏙 뺀 상태로 합리적인 의사 결정을 내릴 것이라 착각하지만, 인간이 내리는 모든 의사 결정에는 감정이 영향을 미친다. 음식을 먹을 때, 신발을 살 때, 차를 고를 때 등의 상황에서 모두 먹고 싶은 것, 마음에 드는 것을 선택한다. 이런 것들은 이성이 아니라 감정의 영역이다. 집을 사거나 결혼과 같은 큰 의사 결정에도 감정이 개입된다. 100% 이성만으로 결정하는 사람은 없다. 기업이라고 다르지 않다. 회사에서 사람을 채용할 때 가장 중요하게 작용하는 요소는 '첫인상'이다. 말 잘하고 똑똑한 사람보다 면접관에게 첫인상이 좋게 비친 사람들이 합격할 확률이 더 크다.

이렇듯 모든 의사 결정에는 감정이 영향을 미친다. 그래서 감정을 느끼는데 서툰 사람들이 의사 결정에도 서투르다. 부정적인 감정이 내면을 지배하고 부정적인 정서가 이어지면 사고의 질과 의사 결정에도 영향을 미칠 수밖에 없다.

부정적인 정서는 매사를 비딱하게 보도록 만들곤 한다. 중립적인 관점에서 사물을 보지 못하고 부정적으로 치우친 관점으로 바라보게 만든다. 편견이나 색안경을 끼고 사물을 바라보기도 하고 다른 사람의 선의를 왜곡해서 받아들이기도 한다. 누군가에게 부정적인 감정을 가진 사람은 그 사람을 매사 고까운 눈으로 바라본다. 부정적인 사고가 팽배한 사람은 무엇이든 '안 돼'라는 말을 먼저 하거나 '그게 되겠어?'라며 최악의 상황부터 생각한다. 그렇기에 평상시의 안온한 상태에서 내린 의사 결정보다 부정적인 상태에서 내린 의사 결정의 질이 좋지 않다. 화가 났을 때나 초조할 때 무언가 선택해 본 사람은 잘 알 것이다.

누구나 의사 결정에서 실수할 수 있지만, 그것이 자꾸 반복되면 장기적인 관점에서 삶의 질이 떨어질 수 있다. 부정적 사고의 비중이 큰 사람들은 좋은 성과를 내기 어렵다. 장애물을 만나거나 난관에 부딪쳤을 때 그것을 극복하려고 하기보다는 자포자기하거나 냉소적이고 비관적인 태도를 취할 가능성이 높기 때문이다. '그럼 그렇지'라거나 '내 주제에 무슨…' 하며 스스로를 비하한다. '그럴 줄 알았다'라며 확증편향적인 태도를 취하기도 한다. 스스로를 무얼 해도 안 되는 사람으로 규정하고 장애를 극복하거나 난관에서 벗어나기보다는 그 안에서 머물며 주위에서 실패의 핑곗거리를 찾기 쉽다. 실패와 좌절, 후회 등이 범벅되고 반복되며 힘겨운 삶을 이어나간다. 뇌와 몸에서 펩티드가 분비되어 몸이 찌뿌둥하고 무거운 느낌이 들기도 한다. 육체적인 건강까지 위협을 받는 것이다. 그러니 부정적인 사고에서 벗어나는 것만으로 삶의 질을 높일 수 있다.

무언가 일을 하기 위해서는 뇌에서 에너지 소모가 일어나야 하는데, 세계적으로 유명한 과학 칼럼니스트 데이비드 디살보 David Disalvo는 '믿음'이 있어야 뇌의 허락을 받을 수 있다고 말한다. 많은 신경과학자들의 연구를 통해 할 수 있다고 믿기 전까지는 그 일을 해내기 위한 두뇌의 자원이 할당되지 않는다는 것이 입증되었다고 한다.

'할 수 있다고 믿는 마음'은 긍정적이다. 부정적인 사고에 지배되면 무엇을 해도 상황이 좋아질 수 없다는 믿음이 자리잡게 된다. '안 될 거야'나 '이게 되겠어?'와 같은 생각이 머릿속을 지배한다. 이런 믿음을 가지면 주어진 일을 성공적으로 수행하는데 도움이 되는 방향으로 에너지가 흘러가지 못하도록 막는다. 더 나아가 부정적인 생각의 소용돌이에 에너지를 쏟아부어 상황을 더욱 악화시킨다. 한마디로

'할 수 있다'라고 믿으면 뇌의 에너지가 할 수 있는 행동으로 흘러가지만, '할 수 없다'라고 믿으면 에너지는 결코 할 수 있는 행동으로 흘러 들어가지 않는다.

소위 자기계발 전문가 중에는 무조건 '할 수 있다', '나는 잘 될 것이다' 등 자기 확언을 하라고 강조하는 사람들도 있다. 자기 확언만으로 자신감이 상승하고 추진력이 올라간다는 것이다. 자기 확언을 하면 주위에서 긍정적인 에너지가 흘러들어 성공하도록 도와준다고도 한다. 흔히 말하는 '끌어당김의 법칙' 같은 게 이런 유형이라고 할 수 있다. 글쎄, 정말 그런지는 모르겠다. 다만 이런 긍정적인 자기 확신이 위력을 발휘하려면 건강한 자존감을 가지고 있어야 한다. 스스로를 고귀하고 가치 있는 사람이라고 믿어야 한다는 것이다.

입으로 아무리 자기 확언을 해도 마음 깊은 곳에서 그렇지 않다고 믿으면 뇌의 의식 영역과 무의식 영역이 조화를 이루지 못하고, 인지부조화로 인해 몸도 지치고 스트레스도 심해져 상황이 좋아지는 것이 아니라 오히려 악화된다. 결국 스스로에 대한 존중감과 자기 능력을 높이 평가하는 자기효능감이 높아야 자기 확언도 효과를 발휘하는데, 부정적 사고가 뇌 안에 자리 잡고 있으면 오히려 역효과가 날 수도 있다.

생각해 보면, 끝까지 마치지 못한 일이라고 해서 그 과정이 모두 잘못되고 그 안에서 배울 점이 전혀 없는 것은 아니다. 중간에 실패했거나 중도에 흐지부지된 일일지라도 그 안에는 작은 성공을 비롯해 앞으로 활용할 수 있는 지식이나 스킬, 노하우가 들어있다. 이런 것들을 잘 끌어내어 자산으로 축적하고 활용한다면, 자신감의 원천이 되고 자기효능감을 높여줄 수도 있다. 게다가 마치지 못하고 끝낸 일들 속에는 앞으로 다른 일을 하면서 참고할 만한 교훈도 들어있기 마련이다. 이런 것들을 잘 되새기면 미래에 닥칠 일을 실패 없이 완료하는 데 도움이 된다.

그러나 시작한 일을 마무리 짓지 않고 흐지부지 흘려버리면 그 안에 담겨 있는 무형의 자산들을 찾아낼 수 없다. '건진 것 하나 없이, 돈과 시간만 쓰고 노력만 낭비하는 헛수고'가 되기 십상이다. 그러면 불필요한 자괴감이나 자기비하와 같은 부정적인 감정에 빠지게 되고 자신감에도 손상을 입을 수 있다. 대체로 부정적인 감정들은 분명한 근거 없이 생겨나는 경우가 많은데, 일을 마무리 짓지 않으면 마무리 짓지 못했다는 사실만으로 부정적인 감정이 피어오르고 삶이 퍽퍽해질 수 있다.

인정받을수록
불안해진다

중간에 중단되거나 유야무야된 일을 마무리 짓지 않았을 때 나타날 수 있는 문제들을 이야기해 왔지만, 꼭 그런 경우에만 마무리가 필요한 것은 아니다. 완수한 일도 마무리가 필요하다. 이 책은 '양은우'라는 이름으로 출간되었지만, 이는 내 본명이 아니라 필명이다. 딱 한 번 내 본명으로 책을 낸 이후 줄곧 필명으로만 글을 써오고 있다. 내가 양은우라는 필명으로 쓴 첫 번째 책은 2013년에 출간된 『관찰의 기술』이라는 책이었다. 출간에 관심이 많았기에 오랜 시간에 걸쳐 책을 썼고 자비로 출판하기도 했지만, 본격적으로 작가의 길을 걷게 만들어 준 게 이 책이었다. 투고할 당시만 해도 많은 출판사에서 이 원고를 거절했지만, 다행히 한 출판사의 선택을 받았고 당시 '관찰'이라는 사회적 키워드와 맞물려 출간 이후 꽤 좋은 반응을 얻었다.

교보문고의 경제경영 분야의 베스트셀러로 올랐고 많은 독서 모임에서 내 책을 주제로 독서 토론이 이루어졌으며 다양한 강연에도 연사로 초청되었다. 동아일보에서 발행하는 국내 최고의 경영전문지 〈동아비즈니스리뷰DBR〉의 객원 편집위원으로도 6개월 동안 활약했다. 또한 '진중문고'에 선정되어 군대 내의 도서관에 내 책이 보급되는 큰 성과를 거두기도 했다. 이런 큰 성과는 지금까지 내가 꾸준히 집필을 이어온 원동력이기도 하다.

그런데 당시만 해도 나는 그 책의 성공이 내가 노력한 결과라고 받아들이지 않고 그저 운이 좋았을 뿐이라고 여겼다. 직장에 몸을 담고 있었을 때라 책이 성공했다고 해서 특별히 달라질 것도 없었다. 어떤 일이든 성공할 확률과 실패할 확률이 존재하므로 내 책이 잘 팔린다고 해서 우쭐할 필요도 없었다. 그러니 굳이 그 책에 관해 무엇을 잘해서 성공할 수 있었는지, 앞으로 더욱 성공하려면 무엇을 보완해야 하는지, 비록 성공했더라도 아쉬운 것은 무엇인지 돌아볼 생각을 하지 않았다.

지금 따져보면 그 안에서 얻을 수 있는 교훈이 꽤 있었을 것 같다. 내가 잘한 점, 내가 잘한 것보다는 주위의 도움으로 잘된 점, 조금 더 잘될 수 있었는데 부족했던 점, 크게 잘못한 점 등을 찾아내어 이후에 글을 쓰는 과정에서 참고할 수 있었을 텐데…. 그 모든 과정은 덮어둔 채 그저 운이 좋았다고만 여겼다.

이는 일종의 '가면 증후군'과 같은 것이다. 가면 증후군은 성공하여 주위 사람들의 관심과 주목을 받는 사람이 자신의 성공을 노력이 아닌 운의 탓이라 여기는 현상이다. 누구나 할 수 있는 일을 단순히 운이 좋아서 성공했을 뿐 자기가 잘한 것은 없다고 생각하며, 자신의 진짜 실력이 드러날까 봐 꺼리는 심리를 일컫는다. 엠마 왓슨이나 톰 행크스와 같은 유명 배우들, 그리고 미셸 오바마 같은 유명인들도 가면 증후군을 겪었다고 알려져 있다.

가면 증후군을 가진 사람들은 자신이 노력하여 큰 성취를 이루었음에도 그것을 과대평가된 것으로 치부하는 동시에 스스로의 능력은 과소평가한다. 이 증상은 주로 다른 사람들의 시선에 지나치게 신경을 쓰기 때문에 나타나는데, 주변 사람들로부터 높은 기대를 받는 사람이 만일 일이 실패로 돌아갔을 경우 받을 충격을 미리 완화하고자 하는 심리에서 비롯된다. 일종의 방어기제인 셈이다. 일반적으로 누군가에게 거는 기대가 클수록, 그 기대에 미치지 못했을 때의 실망도 커지기 마련이다. 그래서 스스로 '내 실력은 부족한데 단지 운이 좋아서 일이 잘 풀린 것'이라고 여기는 사람이라면, 언젠가 일이 잘못되었을 때 주변 사람들의 기대가 무너지며 자신에게 실망할 것을 걱정할 수밖에 없다. 이를 미리 막고 싶은 계산이 깔린 것이다. 심한 경우 자기 자신을 실력도 없으면서 실력자들 사이에 끼어 있는 사기꾼이라고 생각하기도 한다. 자신감이 떨어지고 스스로를 귀하게 여기지 못하며 자신의 사기 행각이 들통날까 불안해한다. 물론 실제로는 이 사람들이 가진 실력은 명성에 걸맞게 뛰어나다. 다만 자신이 가진 능력이 남들에게는 없는 특별한 능력은 아니며 다른 사람들도 동일한 결과를 낼 수 있다고 여길 뿐이다.

가면 증후군에서 벗어나는 가장 좋은 방법은 자신이 이룬 성과를 객관적인 관점에서 시각적으로 정리하고 그것이 개념적인 것이 아니라 실질적인 것임을 확인하는 것이다. 이 밖에도 실수나 실패에 대한 인식을 바꾸고 스스로에게 보상하는 등의 방법이 있다. 비록 자신이 한 일이 성공에 이르렀더라도 제대로 마무리하지 않으면 그 성공을 단지 운이 좋아서 이루어진 요행쯤으로 생각할 수도 있다. 반면에 성공 요인을 정확히 분석하면 그 안에서 자신이 잘한 것들을 명확하게 찾아낼 수 있고 이를 통해 자신감을 가질 수 있을 텐데, 성공 요인을 운으로 치부하면 자기효능감을 높일 기회가 없다. 성공했다고 해서 모든 면에서 완벽했던 것은 아니다. 성공 속에서도 반성하고 고쳐야 할 부분도 있다. 이를 찾아내어 돌아보고 피드백하면, 다음에는 같은 형태의 잘못을 막을 수 있다.

이 과정을 거치면 내 생각처럼 모든 게 운에 의해 이루어진 것이 아니라는 사실을 알게 된다. 그렇게 종합적인 측면에서 자신이 한 일을 돌아보며 냉철하게 분석하면 가면증후군에 빠지는 일 없이 당당하게 자신의 성과를 누릴 수 있고, 그 성과를 바탕으로 좀 더 높은 곳으로 지속적으로 나아갈 추진력을 얻을 수 있다.

자원의 낭비와 제자리걸음

어떤 일을 하든 우리는 그 과정에서 조금씩 달라진다. 긍정적인 방향으로 말이다. 시간이 지나면서 더 많은 일을 할수록 경험과 지식은 더욱 깊어지고 풍부해지며 어설펐던 일들도 점차 잘할 수 있게 된다. 또한 전문적인 실력을 갖출 수 있게 되어 어떤 상황에서도 유연하게 대처할 수 있다. 갈수록 문제 해결 역량의 질이 높아진다. 비록 눈에 보이지는 않지만 일을 통해 얻은 역량들이 쌓이며 성장과 발전을 이루어 나간다. 남들보다 더 많은 노력을 기울인 사람들은 전문가의 경지에 이를 수도 있다.

하던 일을 끝까지 마무리하는 이유 중 하나는 자신의

변화를 눈에 보이게 만들기 위해서다. 즉, 일을 시작하기 전과 비교했을 때 무엇이 달라졌는지 스스로 확인할 수 있도록 하기 위한 것이다. 일을 완료했든 중간에 그만두었든 그 일을 통해 우리는 시작하기 전과 분명히 달라지지만, 마무리를 제대로 하지 않으면 무엇이 달라졌는지 파악하기 어렵다. 어렴풋이 이런 것이 달라졌겠거니 하거나 만일 일을 하는 도중 중단되거나 유야무야되면 달라진 것도 없을 거라 여긴다. 일을 끝까지 마치지 못했기 때문에 그 안에서 얻은 지식이나 경험, 스킬이나 노하우 또한 없다고 생각한다. 그래서 다음에 그 경험을 활용할 기회가 와도 그것을 활용하지 못하고 처음으로 되돌아가 다시 시작한다.

예를 들어보자. 부끄럽지만 고백하자면, 난 지금까지 서너 차례 일본어를 배운 경험이 있다. 대학 시절에 방학을 이용하여 몇 개월 동안 배웠고, 직장 생활 초반에 사내 교육을 통해 배웠으며 그 이후에도 기회가 되어 일본어를 배웠다. 마지막에는 꽤 열심히 노력해서 일본어로 된 초급 소설책을 읽을 수 있을 정도로 실력이 올라가기도 했다. 그렇게 여러 차례에 걸쳐 일본어를 배우는 동안 나는 매번 처음부터 시작했다. 일본어 알파벳이라고 할 수 있는 히라가나와 가타카나를 비롯해서 숫자 읽는 법, '아나타'와 '와타시'로 문장을 만드는 법 등 아주 기초부터 다시 공부했다. 그 이유는 간단하다. 과거에 일본어를 공부했더라도, 무엇을 알고 무엇을 모르는지 스스로 정확히 파악하지 못했기 때문이다. 실제로는 아는 것도 있고 모르는 것도 있었겠지만, 그 사실을 인지하지 못한 채였으니 결국 다시 처음부터 시작할 수밖에 없었다.

하던 일을 마무리 짓고 넘어가야 하는 이유 중 하나가 바로 이것 때문이다. 우리가 가진 시간과 비용, 열정, 에너지 등의 자원은 유한하다. 무한대로 쓸 수 있는 것은 아무것도 없다. 그렇게 제약이 있는 자원을 효과적이고 효율적으로 사용해야 더욱 큰 성과를 얻을 수 있다. 그런데 무슨 일이든 처음으로 돌아가면 그만큼 자원을 낭비하는 셈이다.

이미 알고 있는 지식, 이미 가지고 있는 경험, 이미 보유하고 있는 스킬이나 노하우를 얻기 위해 다시 자원을 투입하는 것만큼 어리석은 일은 없다. 그런 것들은 과감하게 넘기고 자신이 가지고 있지 않은 것들을 얻는 데 자원을 집중적으로 투입해야 한다. 그렇게 하기 위해서는 당연히 자신이 가지고 있는 것이 무엇인지 정확히 알아야 한다.

하던 일을 마무리 짓는 과정에서 우리는 무엇을 배웠고 일을 시작하기 전에 비해 무엇이 달라졌는지 파악할 수 있다. 그래서 다음에 같은 일이나 유사한 일을 할 경우 이미 체득한 부분에는 자원을 투입하지 않고 조금 더 효율적으로 일을 해나갈 수 있다. 하지만 하던 일을 마무리 짓지 않았다면, 이미 밟은 단계여도 그냥 건너뛰는 게 불안할 수 있다. 그래서 다시 처음으로 돌아가게 되는 것이다. 건너뛸 수 있음에도 불구하고 그럴 수 없으니 자원의 낭비라고 여겨져도 다시 돌아가는 수밖에 없다.

이런 일들이 반복되면 성장과 발전이 일어나지 않는다. 1년 동안 주말을 이용해 국토대장정을 한다고 해보자. 주말 동안 걸을 수 있을 만큼 걷고 나면 그다음 주에는 지난번에 끝난 지점에서 다시 이어서 시작해야 한다. 그다음 주에는 또 지난주에 마친 자리에서 시작해야 한다. 그런 식으로 해야 1년 동안 전국을 빼놓지 않고 걷게 된다. 매번 처음으로 돌아가면 제자리걸음을 하는 것이나 다를 바 없다. 시간이 지나도 달라지는 것은 없고 얻는 것이 있다고 해도 지난번에 일을 하면서 얻은 것과 다르지 않다. 새롭게 얻는 지식이나 경험, 새롭게 쌓이는 스킬이나 노하우가 없는 일은 하지 않은 것과 마찬가지다. 오히려 하지 않는 것이 자원의 낭비를 막는 일이기도 하다. 하던 일을 마무리 함으로써 자신이 어디까지 왔는지 명확히 파악하고, 이후에는 그 멈춘 자리에서 시작해야 제자리걸음을 피할 수 있다.

간혹 어떤 사람들의 경우 지나치게 스스로를 과신하는 경향이 있다. 마무리하는 과정을 거치지 않아도 자신이 한 모든 일과 그로부터 파생된 것들을 빠짐없이 기억할 수 있다고 자신하는 것이다. 그래서 굳이 마무리 과정을 거치지 않아도 언제든지 마지막에 멈춘 자리로 돌아갈 수 있다고 자만하기도 한다. 하지만 이는 엄청난 오산이다. 우리의 기억에는 실체가 없다. 은행의 금고처럼 물리적인 실체를 가지고 있는 것이 아니다. 자신이 알고 있거나 경험한 내용을 시간이 지나도 떠올릴 수 있도록 무형의 상태로 붙잡아 두는 것이기에 눈에 보이지 않는다. 이는 기억이라고 하는 것이 아주 쉽게 변형될 수도 있고 잊힐 수도 있다는 뜻이다. 아울러 기억은 사실대로 만들어지지 않는다. 자신에게 유리한 방향 혹은 믿는 대로 기억한다. 편향된 과정을 통해 만들어지는 것이다. 그래서 자신이 했던 일이어도 기억에는 자신이 남기고 싶은 것만 선택적으로 남긴다.

게다가 기억은 시간이 지나면서 쉽게 변형된다. 새로운 기억이 형성될 때 기존에 연결되어 있지 않은 새로운 신경 회로가 만들어지지만, 오랫동안 꺼내 쓰지 않으면 그 연결은 희미해지고 시간이 지나 그 기억을 떠올리려고 하면 사실과 다른 기억이 떠오를 수 있다. 게다가 한 번 기억을 떠올렸다가 다시 저장하는 과정에서 변형이 일어나기도 한다. 기억을 재구축하는 과정에서 기존의 기억과 다른 내용이 저장될 수도 있는 것이다. 한 신경과학자는 기억을 '연두부'

와 같다고 했다. 틀에서 꺼낼 때마다 부스러지고 떨어져 나가 시간이 지나면서 처음의 형태를 유지하지 못한다는 뜻이다. 자신의 기억만 믿고 마무리 과정을 거치지 않으면 이러한 문제들이 생길 수 있다. 남은 기억 속에는 자신에게 유리하거나 기억하고 싶은 것들만 가득하고, 이것 또한 시간이 지날수록 희미해지며 변형될 가능성이 높다. 마무리 과정을 거치게 되면 적어도 이러한 문제들은 피할 수 있다.

4장

끝을 내면
달라지는 것들

앞서 하던 일을 제대로 마무리하지 않았을 때 생길 수 있는 문제점들을 살펴보았다. 이 장에서는 반대로 시작한 일을 마무리 지을 때 어떠한 이점이 있는지 살펴보도록 하자.

프로 기사들이
복기하는 이유

바둑 기사들은 대국이 끝나고 나면 자신이 한 경기를 돌아보며 다시 돌을 놓아본다. 첫 돌부터 마지막 돌까지, 자신은 물론 상대방이 놓은 것까지 순서를 지켜가며 바둑판 위에 그대로 경기 내용을 재현한다. 이를 복기復碁라고 한다. 바둑뿐 아니라 장기나 체스와 같은 보드게임에서도 복기가 이루어진다. 복기는 경기 결과와 상관없이 경기를 마치자마자 진행하는데, 사람에 따라 다르겠지만 두세 시간씩 오랜 시간이 걸리기도 한다. 승리했을 때의 흥분과 패배했을 때의 속상한 감정을 꾹꾹 억누르며 차분히 지난 경기를 돌아보는 건 결코 쉬운 일은 아니다.

복기를 하는 이유는 명확하다. 이긴 대국을 돌아보면서 자신이 승리하게 된 요인과 상대방이 패하게 된 요인을 찾고, 패한 대국을 보면서는 자신의 패인과 상대방의 승인을 찾는 것이다. 아무리 프로 선수들이라고 해도 막상 대국에 임하면 긴장할 수밖에 없고 상대방과의 수싸움으로 인해 평정심을 유지하기 어려울 수도 있다. 그러다 보면 미처 보지 못한 판국이 있고 실수하는 수가 생기게 마련이다. 옆에서 훈수를 두는 사람들의 눈에는 보이는 수가 정작 바둑을 두는 당사자의 눈에는 보이지 않는 것처럼 말이다.

상대방이 둔 돌을 보면서 상대방의 전략과 특성을 파악할 수도 있고, 자신이 미처 생각하지 못했던 것과 전혀 몰랐던 것을 깨우칠 수도 있다. 또한 복기하면서 자신의 수와 다른 경우를 떠올려 보기도 한다. '이 수를 다르게 이렇게 됐으면 어땠을까?' 하고 다른 수를 대입해 보며 실제 대국과는 다른 판을 펼쳐볼 수도 있다. 그러기에 바둑을 잘 두기 위해서는 귀찮고 힘들더라도 미루지 않고 복기하는 것이 원칙이다.

한 시대를 풍미했던 프로 바둑 기사 이창호 9단은 '재능을 가진 상대를 넘어서는 방법은 노력뿐이다. 더 많이 집중하고 더 많이 생각하는 수밖에 없다. 바둑에는 복기라는 훌륭한 교사가 있다'라고 하며 복기의 중요성을 강조했다.

그는 또 '이긴 대국을 복기하면서 이기는 습관을 만들고, 패한 대국을 복기하면서 승리할 준비를 할 수 있다'라는 말을 남겼다. 지난 결과와 무관하게 앞으로 마주하게 될 대국에서 승리할 방법 중 하나가 복기라는 것이다.

2016년에 우리나라에서 전 세계인들의 이목을 집중시킨 엄청난 이벤트가 있었다. 구글에서 만든 인공지능 '알파고'와 우리나라 최고의 바둑 기사인 이세돌 9단 간의 대국이 열린 것이다. 과거에 비해 성능이 엄청나게 향상된 인공지능이 인간을 상대로 한 대결에서 승리할 수 있을 것인가가 최대의 관심사였다. 기계와 인간의 대결이 어느 쪽의 승리로 끝날 것인가를 전 세계인들이 숨을 죽이고 지켜봤다.

5번의 대결로 진행된 이 대국에서 이세돌 9단은 초반 3국을 내리 패배했다. 알파고의 실력을 지켜본 사람들은 인공지능의 수준이 생각보다 높은 것을 알고 경악하지 않을 수 없었고, 5번의 대국을 모두 알파고가 승리할 것이라고 예상했다. 궁지에 몰린 이세돌 9단은 인간의 명예를 걸고 반드시 승리하겠다는 일념으로 절치부심하며 네 번째 대국에 임했고, 결국 누구도 예상하지 못했던 수로 극적인 승리를 거두었다. 이 결과는 '인공지능에 승리한 유일한 인간'이라는 깨지지 않을 기록으로 남을 것이다. 이 경기에서 승리한 비결 역시 피눈물 나는 복기에 있었다. 알파고와의 대국이 끝날 때마다 이세돌 9단은 지난 대국을 분석하며 알파고의 약점을 찾으려고 파고들었고, 결국 신의 한 수로 승리를 거머쥐게 되었다. 복기가 없었다면 네 번째 대국의 승리도 없었을지 모른다.

복기의 과정은 절대 쉽지 않을 것이다. 첫 수부터 마지막 수까지 자신이 둔 바둑돌을 따라가다 보면 잘 둔 수와 못 둔 수가 뒤죽박죽 섞여 있을 것이다. 상대방의 허를 찌르거나 꼼짝 못하게 만들었던 절묘한 수가 있을 것이고 승리를 쟁취하는 데 결정적인 역할을 한 수도 있을 것이다. 이런 것들을 보면서 스스로 자부심과 짜릿한 만족감을 느낄 수 있다.

반면에 차마 들여다보기 힘든 실수나 화들짝 놀랄 만한 수도 담겨 있을 것이다. 패착인데 다행히 상대방이 기회를 놓쳐 기사회생했거나, 실수로 인해 상대에게 주도권을 넘겨주고 코너로 몰렸던 수도 있을 것이다. 어쩌면 상대방에게 결정적으로 승기를 내준 패착도 있을 것이다. 이런 것들을 되짚고 있자면 마음이 편할 리 없다. 자신의 치부를 들여다보는 것처럼 얼굴이 화끈거리고 속이 상할 수 있다. 특히나 패배한 대국이라면 더욱 그렇다. 그러니 아무리 프로라고 해도 선뜻 복기하고 싶은 마음이 들지 않을 것이다.

중국과 일본에 비해 열세에 있던 우리나라 바둑을 세

계적인 수준으로 올려놓는 데 큰 역할을 한 조훈현 9단은 복기에 대해 '자신의 치부를 정면으로 들여다보고 싶은 사람은 없다. 할 수만 있다면 피하고 싶다'라고 했다. 패배한 대국에 대한 억울함이나 분노, 승리한 대국에 대한 들뜬 감정을 억누르고 차분히 복기한다는 게 쉬운 일은 아니라고 말했다. 그럼에도 불구하고 모든 기사들은 복기를 한다. 자신이 실수했다면 그것을 분명히 인지하고 같은 실수를 되풀이하지 않도록 노력해야 승리할 수 있다는 것을 알기 때문이다. 자신이 잘한 것이 있다면 그것을 찾아내어 더욱 날카로운 무기로 다듬어야 하기 때문이다. 비록 불편하고 고통스러울지라도 그 과정을 거쳐야만 더 성장할 수 있기에 기꺼이 그 과정을 마주하는 것이다.

바둑 기사들만 복기를 하는 것이 아니다. 요즘에는 경기가 끝난 이후에 복기를 하는 스포츠 팀이 많아졌다. 영상 기술이나 데이터 수집 장비 등 기술이 발달하면서 대부분의 스포츠 경기에서 복기가 이루어진다. 물론 정식 용어는 복기가 아니지만 말이다. 야구나 축구, 농구, 배구 등 종류를 불문하고 훌륭한 팀, 훌륭한 지도자들은 반드시 자신들이 한 시합 내용을 되짚어 본다. 선수들이 경기하는 모습을 보면서 경기 전에 자신들이 선택한 전략은 옳았는지, 어떤 면에서 효과를 발휘할 수 있었는지, 효과가 없었던 측면은 무엇이었는지, 전략대로 움직인 것은 무엇이고 그렇지 못한 것은 무엇인지 등을 짚어본다. 만약 전략이 잘못되었다면 그 이유와 더불어 효과적인 전략은 어떤 것이었을지 등을 파악한다.

경기 내용에 대한 복기는 바둑과 마찬가지로 상대방 팀의 전략을 분석하는 데도 도움이 된다. 상대방의 전략 중 우리 편이 효과적으로 대응했거나 반대로 그러하지 못했던 것은 무엇인지, 우리 편은 특히 어떤 면에서 어려움을 겪었는지, 보완하거나 개선해야 할 점은 무엇인지 등을 파악할 수 있다. 좋은 성적을 거두는 바둑 기사나 좋은 성적을 거두는 스포츠 팀일수록 복기에 진지하게 임한다. 그렇게 보면 훌륭한 선수나 훌륭한 팀이 되기 위해서는 복기가 필수라 할 수 있다.

스스로의 역량이
파악된다

 의식하지 못하지만 우리는 같은 모습을 유지하지 않는다. 매 순간순간 존재하는 모습이 모두 다르다. 몇 초나 몇 분 단위의 아주 짧은 시간 동안의 변화는 없을 수도 있지만, 몇 시간이나 며칠이라는 긴 시간 단위 안에서는 분명 달라지는 것이 있다. 물론 무언가 행동한다는 가정 하에 말이다.

 무슨 말인지 의아할 수 있으니 예를 한 번 들어보자. 이 글을 쓰는 중간중간 나는 머리를 식히기 위하여 파스칼 메르시어가 쓴 『리스본행 야간열차』라는 책을 읽는 중이다. 이 책에는 '인생의 진정한 감독은 우연이다'라는 말을 비롯하여 곱씹어 볼 만한 좋은 대사들이 수없이 많이 나오는데,

책을 읽으면서 작가의 의도를 헤아리고 따라가다 보면 나의 사고와 의식의 영역도 넓어지는 느낌이 든다. '생각지도 못한 지점인데 이렇게 생각할 수 있구나', '나라면 이런 상황에서 어떻게 행동했을까?', '작가의 생각은 정말 옳은 것일까?', '이건 도저히 받아들일 수 없어' 등 여러 가지 관점에서 사고를 하다 보면 생각의 폭과 깊이를 넓힐 수 있다.

그렇다면 책을 읽기 전의 나와 책을 읽고 난 후의 나는 같을까? 조금이라도 사고의 폭과 깊이가 확장되었다면 엄밀히 말해 그건 같은 '나'가 아니다. 책을 읽기 이전의 나에 비해 책을 읽고 난 후의 나는 지식이나 사고 측면에서 더욱 발전했다고 할 수 있다. 변화가 생긴 것이다. 물론 그것을 측정할 수는 없겠지만 오랜 기간에 걸쳐 그런 것들이 쌓이면 자신만의 역량으로 드러나게 마련이다.

책은 하나의 사례일 뿐, 우리는 크고 작은 많은 일들을 통해 나날이 달라진다. 운동을 해서 근육을 단련하거나, 여행을 하면서 여행 전문가가 되기도 하고, 자격증 공부를 통해서 전문 분야의 지식을 쌓기도 한다. 그 어떤 일이라도 시작하고 나면 일이 진행되는 동안에는 자신에게 영향을 미친다. 대개 그 영향들은 긍정적이다. '바늘 도둑이 소도둑 된다'라는 말처럼 부정적인 영향도 있을 수 있지만 대개의 일들은 좋은 영향을 미친다. 예전에는 가지고 있지 못한 지식을 갖추게 되었거나, 사고에 깊이가 더해져 더욱 지혜로워졌거나, 남들은 보지 못하는 것을 볼 수 있는 통찰력을 갖추게 되는 등 시간이 지날수록 긍정적인 영향은 커진다. 예전에는 없던 스킬이나 노하우도 쌓인다. 바리스타 공부를 하면 커피에 대한 전문적인 지식과 함께 원두를 블렌딩하거나 로스팅하고 추출하는 등의 스킬이 쌓이게 된다. 더 오랜 시간이 지나면 맛을 차별화할 수 있는 노하우가 쌓인다. 요리를 배우면 음식을 만드는 스킬은 물론 시간이 지나면서 더 좋은 맛을 내는 요령이 만들어진다. 자신이 가진 지식이나 지혜, 통찰력, 스킬이나 노하우와 같은 것들은 고스란히 자산이 되고 역량이 되는데, 그 역량이 기초처럼 하나씩 쌓여 한 사람의 완성된 모습을 만들어 낸다.

 누구나 생계를 위해서 경제 활동을 해야 하지만, 자신이 가진 역량의 범주 내에서만 생계 수단을 찾을 수 있다. 법을 공부한 사람은 대개 법을 이용하여 수익을 창출하고, 의술을 배운 사람은 환자를 치료하며 경제적 수익을 창출한다. 용접이나 배관 일을 배운 사람들은 그것으로 수입을 만들어 낸다. 자신이 쌓은 역량 이외의 것으로 경제 활동을 하는 사람은 거의 없다. 이것도 저것도 딱히 눈에 띄는 역량을 가지지 못한 사람들은 새로운 분야의 일을 배워 자격증을 취득하거나 몸으로 할 수 있는 일을 찾아 경제적 문제를 해결한다. 그래서 좋은 역량이 두텁게 많이 쌓이면 삶을 성공적으로 살 수 있다. 두껍게 쌓인 좋은 역량일수록 큰 가치를 만들어 낼 수 있으니 말이다.

아무튼 우리는 무언가를 하게 되면 분명히 그것을 하기 전과 달라진다. 그 변화의 강도가 얼마인지를 떠나 변화가 있다는 사실 자체는 명확하다. 그런데 그것들이 모두 역량으로 축적되는 것은 아니다. 어떤 것은 자연스럽게 축적되어 우리 삶의 초석을 다지기도 하지만, 어떤 것들은 역량으로 축적되지 않을 수도 있다.

끝까지 계획한 대로 완수한 일일수록 자산으로 축적될 가능성이 높다. 하지만 중단되거나 유야무야 끝난 일들은 역량으로 축적될 가능성이 상대적으로 떨어진다. 중단되거나 유야무야된 일은 빨리 잊고 싶어 하기 때문이다. 어떤 면에서는 상처라고 여길 수 있으니 말이다. 언젠가 도서관에서 책을 빌려 읽은 적이 있었다. 프랑스의 대문호라 칭송받는 에밀 졸라의 책이었는데 이상하게 처음 1/3 정도를 읽을 때까지 어디선가 본 것 같은 느낌을 피할 수 없었다. '내가 전에 이 책을 빌려 봤었나?' 하고 기억을 더듬어봤지만 전혀 관련된 기억을 떠올릴 수 없었다. 그래서 이미 본 것 같은 느낌은 그저 '기시감'일 뿐이라 여겼다. 하지만 이후에 대출기록을 살펴보면서 깜짝 놀랄 수밖에 없었다. 이미 그 책을 반년 전에 대출해서 읽다 반납한 기록이 남아 있었기 때문이다. 그런데도 그 기억은 내 머릿속에서 까맣게 사라지고 없었다.

앞 장의 마지막에 언급했지만, 무언가 일을 시작해서 그로 인해 달라지는 부분이 있다고 해도 그것을 인지하고 건져내어 내 것으로 만들지 않으면 따로 저장되지 않는다. 흙 속에 반짝이는 사금이 가득 들어있어도 그것을 알아보고 건져내지 않으면 가치 없는 흙덩어리에 불과한 것처럼, 달라진 게 있다면 그것을 알아보고 내 것으로 저장해 놓아야 한다. 특히 중단되었거나 유야무야 끝난 일들은 머릿속에서 빠르게 사라질 가능성이 크다. 불편한 마음에서 벗어나기 위해 서둘러 잊으려고 하니 말이다.

무언가가 역량으로 축적되기 위해서는 잊히지 않고 남아 있어야 한다. 자신이 했는지 안 했는지 기억할 수도 없는 일이 역량으로 축적될 리가 없다. 누누이 얘기하지만 성공한 일이라고 해서 배울 점만 있는 것도 아니고, 실패하거나 흐지부지 끝난 일이라고 해서 버릴 점만 있는 것도 아니다. 어떤 결과든 그 안에는 들여다보면 역량으로 변환할 수 있는 내용들이 담겨 있기 마련이다.

완수 여부를 떠나 자신이 한 일을 되돌아보면서 어떤 일들을 했는지, 그 안에서 얻은 것들은 무엇인지, 그로 인해 달라진 것은 무엇이 있는지 등을 정리해 보면 내 안에서 일어난 역량의 변화가 보이기 마련이다. 마치 어드벤처 게임에서 전체 맵을 놓고 어디까지 왔는지 한눈에 살펴보는 것처럼 말이다. 그 변화가 꼭 크거나 거창해야 하는 건 아니다. 첫술에 배부를 수 없는 법이다. 티끌처럼 작은 역량들이 쌓이고 쌓이면 그것이 튼튼한 초석을 만들어 낼 수 있다. 시작한 일을 완료 여부와 상관없이 마무리하는 습관을 들이게 되면 자신의 달라지는 역량을 눈으로 확인하고 잊혀지지 않도록 자신의 내면에 저장할 수 있다. 스스로 어떤 역량을 갖추고 있는지를 한눈에 파악하는 것이 마무리를 통해 얻을 수 있는 혜택이다.

같은 실수를
반복하지 않는다

무염지욕無厭之慾이라는 말이 있다. 만족할 줄 모르는 끝없는 욕심을 말한다. 이를 빗대어서 '인간의 욕심은 끝이 없고, 같은 실수를 반복한다'라는 말이 유행어처럼 떠돌기도 한다. 누군가가 만들어 낸 가벼운 우스갯소리에 불과하지만, 인간의 욕심이 문제라는 뜻은 정확하게 담고 있다. 욕심에 빠지면 같은 실수를 반복할 수도 있겠지만 인간은 기본적으로 경험을 통해 배우고 같은 실수를 하지 않으려고 노력한다. 인류의 역사 속에서 이런 노력은 계속되어 왔다. 알록달록하고 화려한 색상을 가진 예쁜 버섯에 마음이 끌려 먹었다가 목숨을 잃은 사람을 보면, 그 뒤로는 같은 모양이나 색상의 버섯은 먹지 않고 피한다. 숲속 바윗길로 갔다가 곰을 만나 동료가 죽었다면 다음부터는 그 길을 피해 멀리 돌아간다. 자신을 놀리는 친구에게 화가 나서 주먹을 휘두르고 금융 치료를 받았다면 다음부터는 화가 나도 이성적으로 대화를 통해 문제를 해결하려고 한다.

이렇듯 인간은 자신이 경험한 것을 내면에서 재구성함으로써 그 안에서 교훈을 얻고 같은 실수를 반복하지 않으려는 성향이 있다. 이는 인간의 '전두엽'이 발달했기 때문이다. 전두엽은 꽤 많은 기능을 가지고 있지만, 그중 하나가 시행착오를 통한 학습을 돕는 기능이다. 전두엽이 발달하거나 전두엽의 기능이 뛰어난 사람들은 경험을 통해 교훈을 얻고 학습을 하며 그것을 바탕으로 동일한 실수를 되풀이하지 않는다. 반면에 전두엽의 기능이 떨어지는 사람들은 경험으로부터 학습하는 것을 어려워한다. 같은 실수를 반복하며 쉽게 고쳐지지 않는다. 동물들도 경험을 통해 같은 실수를 반복하지 않으려고 하지만 본능적인 측면에서만 그럴 뿐, 벽지를 물어뜯어서 혼이 나도 같은 잘못을 되풀이한다. 인간과는 다르다. 실수를 통해 잘못을 고칠 수 있는 건 인간만이 가진 역량이다.

같은 실수를 되풀이하지 않기 위해서는 경험을 통해 배우는 과정이 필요하다. 즉, 자신이 한 일을 돌아보며 그 안에 담겨 있는 교훈을 발견해야만 그것을 자신의 것으로 만들 수 있고 같은 실수에서 벗어날 수 있다. 배움을 얻기 위해서는 당연히 자신이 한 일을 되돌아보는 과정이 필요하다. 자신이 했던 일을 되돌아보며 성공 요인과 실패 요인을 찾아내고, '아, 이런 것 때문에 성공했구나' 혹은 '아, 이런 것 때문에 실패했구나' 하는 깨달음을 얻어야 한다. 성공했다면 같은 결과를 얻어내기 위해서 다음에는 어떻게 해야 하는지, 실패했다면 같은 결과를 만들어 내지 않기 위해서 다음에는 하지 말아야 할 것이 무엇인지 등을 깊이 있게 파헤쳐 보아야 한다. 이런 과정을 거치지 않으면 지나간 일들은 기억 속에서 흐지부지 사라지고 만다. 기억이 사라지면 어느 정도 시간이 지나서 같은 실수를 되풀이할 수도 있다.

중도에 중단되거나 유야무야 끝난 일은 돌아보기 싫지만 그런 일일수록 꼭 마무리할 필요가 있다. 앞서 말한 역량이라고 하는 것은, 해야 할 일을 잘하기 위해서 축적해야 하는 것도 있지만 해야 할 일을 잘하기 위해 피해야 하는 것도 있다. 그래서 중단된 일이나 유야무야 끝난 일을 뒤돌아보면서 그 이유를 찾아내는 것도 역량 측면에서 도움이 된다. 바둑 기사들이 패한 대국을 들여다보면서 패인을 찾아내는 것과 마찬가지다. 성공한 요인들을 모으면 자산이 되고 역량이 되는 것처럼 실패 요인들도 모으면 자산이 되고 역량이 될 수 있다. 다음에는 실패 요인들을 피해서 일을 하면 되므로 말이다.

나는 25년 직장 생활을 하는 동안 몇 차례 이직을 한 경험이 있다. 한 회사에서 정년 퇴임까지 근무할 수도 있었지만, 도전과 변화를 추구하는 나의 성향과는 맞지 않았다. 첫 직장에서 14년 만에 이직 결심을 하고 새로운 직장을 알아볼 때, 난 그 기간이 그리 오래 걸리지 않으리라 여겼다. 주위 사람들을 봤을 때, 이직이 별로 어렵지 않은 듯했기에 금방 해결될 것이라 생각했다. 하지만 몇 차례의 시도가 실패로 돌아가면서 구직 기간이 생각보다 길어졌고, 결국 담당 임원에게도 이직 의사가 알려지고 말았다. 그로 인해 한동안 직장 생활에 어려움을 겪을 수밖에 없었다.

그 일을 돌아보며 나는 무엇 때문에 이직이 어려웠는지 실패 요인을 찾기 시작했다. 나를 도와준 헤드헌터와 머리를 맞대고 이직에 실패한 이유들을 분석했고, 앞으로 다시 같은 일을 반복하지 않기 위해서는 무엇을 고쳐야 하는지 궁리했다. 이력서에 구체적이고 실천적인 내용보다는 추상적인 내용들을 언급한 점을 비롯하여 몇 가지 요인들을 발견할 수 있었고 그런 것들을 고치지 않으면 다른 회사에서도 환영받지 못할 것이라는 깨달음을 얻었다. 그런 교훈을 바탕으로 이력서 작성에서부터 면접까지 이직 전략을 새롭게 수립했고 그 결과 원하는 회사로 성공적으로 이직할 수 있게 되었다.

사람들은 실패한 일에 대해 쉬쉬하며 숨기고 피하려고 한다. 기억에서 떠오르지 않게 빨리 잊어버리려고 한다. 다른 사람이 아는 것을 창피하게 여기기에 절대 드러내지 않으려 한다. 그것이 인지상정이다. 하지만 그렇게 해서는 실패로부터 배울 수가 없다. 하던 일이 중단되거나 유야무야 끝난 건 알지만 왜 그런 결과가 생겼고 앞으로 같은 결과를 피하기 위해서는 무엇을 어떻게 해야 하는지 알 수가 없다. 그 어떤 교훈도 깨달음도 남지 않는 것이다. 당연히 그 안에서 배움도 이루어지지 않는다. 배움이 없으면 시간이 지나면서 점점 기억은 흐려지고 무디어져 언젠가는 같은 실수를 반복할 수 있다. 과거에 자신이 같은 실수를 했다는 것을 인지하지 못한 채 실수하는 경우도 있다. 만일 살아가면서 동일한 실수를 반복하는 빈도가 잦다면, 그건 지난 일을 돌아보면서 교훈을 얻으려는 노력을 하지 않았기 때문이다. 시작한 일이 어떤 결과로 끝났든, 제대로 마무리하기만 해도 그 과정에서 많은 것을 얻게 될뿐더러 같은 실수를 반복하는 어리석음을 피할 수 있다. 그렇게 마무리하다 보면 점점 더 현명하고 주의 깊은 사람으로 성장해 나간다.

메타인지
역량이 증가한다

여러분은 장기적인 관점에서 삶을 성공적이며 가치 있게 살고 싶은가, 아니면 그런 것 따위는 신경 쓰지 않고 당장의 만족을 추구하며 자유롭고 편하게 살고 싶은가? 이 책을 읽고 있는 사람이라면 전자에 손을 들 가능성이 높을 것 같다. 관심이 없다면 이런 책을 집어 들지 않았을 테니까 말이다.

성공적이며 가치 있는 삶과 자유롭고 편안한 삶이 서로 딱 부러지게 반대되는 개념은 아니다. 하지만 되는 대로 자유롭게 사는 삶은 어느 정도 성공적이고 가치 있는 삶을 포기해야만 한다. 타고난 금수저가 아니고서는 성공에 이르기 위해서는 눈앞의 이익보다는 미래의 긴 관점에서 목표를 설계하고, 그것을 달성하기 위해 내면의 욕망도 절제할 수 있어야 하며, 각종 충동도 억누를 줄 알아야 하기 때문이다. 일정 수준의 속박과 불편함을 감수하지 않고 현재의 만족만 추구하며 자유롭게 살아서는 성공이나 가치 있는 삶에 다가서기가 쉽지 않다. 그런 것들을 이겨내는 과정에서 하나씩 성취의 탑을 쌓고 그 탑이 쌓여서 성공에 점점 가까워지는 것이 인생이다. 사실 자유롭고 편한 삶을 추구하는 사람이라고 해도 내심 성공적으로 살고 싶은 마음이 밑바닥에 조금쯤은 깔려 있게 마련이다.

자동차를 몰고 어딘가 목적지를 향해 떠난다고 생각해 보자. 가장 효율적으로 목적지에 도착하기 위해서는 내비게이션이 가르쳐 주는 대로 따라가는 것이 바람직하다. 내비게이션은 원래 항해에서 유래된 용어다. 선박을 한 장소에서 다른 장소까지 안전하게 이동시키는 기술과 과학을 의미하는데, 배를 뜻하는 라틴어 'navis'와 움직임이라는 뜻의 'agere'에서 유래되었다. 내비게이션을 하기 위해서는 가려고 하는 분명한 목적지, 현재 자신이 있는 위치, 가야 할 방향 등을 정확히 알고 수시로 모니터링하며 업데이트해 주어야 한다. 육지에서 자동차로 이동하는 경우에는 주위에 참고할 만한 건물이나 자연 지형 등 이정표들이 많지만, 바다에서는 그렇지 않다. 사방을 둘러봐도 보이는 것 하나 없이 수평선만 펼쳐져 있으므로 자신이 올바른 방향으로 가고 있는지 점검하기가 쉽지 않다. 게다가 출발 지점에서 올바르게 방향을 설정했다고 하더라도 가는 도중 해류로 인해 위치가 계속 달라질 수 있다. 그래서 수시로 자신의 위치를 파악하고 가는 방향을 보정해 주지 않으면 가고자 했던 목적지와 전혀 다른 곳에 도착할 수 있다. 이런 일이 일어나는 것을 막기 위해 만들어진 것이 내비게이션이다.

성공적인 삶을 살기 위해서는 항해에서 사용되는 것과 같은 내비게이션이 필요하다. 분명한 인생의 지향점이 있고, 그 지향점을 향해 가는 동안 자신이 어디에 있고 어디로 가고 있는지를 잘 알아야 한다. 시시각각으로 달라지는 자신의 모습과 위치를 잘 파악하고, 자신이 가려는 지향점에서 벗어나지 않고 정렬될 수 있도록 만들어야 한다. 자신이 가진 지식과 경험, 스킬과 노하우, 자신이 보유하고 있는 역량 등을 꾸준히 업데이트하면서 자신이 지향하는 목표에 이르려면 어떻게 해야 하는지를 고민해야 한다. 자신의 모습에 대한 성찰, 그리고 목표를 향해 제대로 나아가고 있는지에 대한 피드백이 순환 고리처럼 이어져야 하는데 그러자면 메타인지 metacognition가 발달해야 한다. 대부분의 성공한 사람들은 다른 사람들에 비해 메타인지가 뛰어난 사람들이다.

메타인지는 초월한 meta 인지 cognition라는 의미로 인지에 대한 상위 인지, 즉 생각에 대해서 생각하는 능력을 말한다. 마치 유체 이탈을 해서 스스로를 제삼자처럼 바라보는 개념이 메타인지다. 생각을 수정하고 생각의 결과를 개선하기 위해서 활용할 수 있는 가장 강력한 정신의 도구다. 무언가 해결해야 할 문제가 있다고 해보자. 인생은 태어나서 죽을 때까지 끊임없는 선택의 연속인데 양질의 선택을 하기 위해서는 크고 작은 문제들에 정신을 집중하고 방해 요인이 있더라도 집중력을 잃지 않으며 생각을 정교하게 가다듬어야 한다. 자신의 생각을 직시하면서 생각에 오류가 있다면 무엇이고 지나친 것은 무엇인지 수정할 수 있어야 하고, 그 결과를 예측함으로써 자기 선택이 가져올 상황을 예상할 수 있어야 한다. 그렇게 시시각각으로 자기 생각을 바라보면서 다듬어 나가야 할 것을 발견하고 피드백을 통해 생각의 향상을 이루어 나가는 것이 메타인지다.

메타인지가 발달하면 높은 수준의 창의성을 발휘할 수 있고, 무언가로부터 배운 지식을 실제 생활에 응용하는 능력이 뛰어나며, 문제를 융통성 있게 생각하는 능력, 필요한 일을 수행하는 능력 등이 향상된다고 한다. 이런 역량을 갖추고 있다면 당연히 삶을 성공적으로 살 가능성이 높아진다. 시작한 일을 마무리하는 습관이 몸에 배게 되면 메타인지를 강화하는 측면에서도 유리하다. 자신이 한 일이 무엇인지 파악하고, 그 일을 통해 자신이 얻은 지식과 지혜, 스킬과 노하우 등을 돌아보며 자신이 가지고 있는 것과 가지고 있지 못한 것은 무엇인지 알 수 있다. 그렇게 자신에 대한 파악이 끝나면 정해진 목표를 향해 나아가기 위해서는 무엇을 더해야 하는지도 깨닫게 된다. 이렇게 부족한 부분을 채우기 위해 무엇을 어떻게 해야 하는지 알고 실천할 수 있다. 장기적인 목표를 향해 가는 노정에서 자신은 지금 어디쯤 있는지, 무엇을 해야 하는지 등이 계속 업데이트되는 것이다. 성찰과 피드백이 이루어지며 시간이 지나면서 자연스럽게 메타인지 역량은 높아질 수 있다.

시작한 일이 중단되었거나 유야무야되었다고 해서 뒤로 밀쳐둔 채 쳐다보지도 않으면 분명 그 일을 통해 달라진 것이 있음에도 불구하고 자신의 달라진 모습을 인지하지 못한다. 자신이 무슨 일을 했는지, 그 일을 통해서 자신의 지식이 어떻게 달라졌는지, 자신이 얻은 스킬이나 노하우는 무엇이 있는지 등을 명확히 성찰할 수 없고, 이는 장기적인 관점에서 자신이 목표와 어느 정도나 떨어져 있는지 앞으로 어떤 방향으로 어떤 노력을 해야 하는지 등을 명확히 파악할 수 없다. 정확하게 자신의 상태를 성찰할 수 없게 되므로 자신이 해야 할 일들도 막연하게만 파악할 뿐이다. 이렇게 되면 시간과 자원의 낭비가 생길 수 있다. 이미 자신이 보유한 역량임에도 불구하고 나에게 그 역량이 있는지 알지 못해 그것을 쌓기 위해 또다시 돈과 시간을 들이게 된다. 자신이 한 일을 잘 마무리하는 것만으로도 이러한 문제를 방지하게 된다. 아울러 메타인지 역량 또한 높일 수 있다.

신념과 의지대로
살 수 있다

여러분에게는 자신의 삶을 자기 의지대로 살고 싶은 욕망이 있을 것이다. 그 누구도 다른 사람이 시키는 대로 움직이거나 다른 사람에 의해 휘둘리며 원치 않는 모습으로 살고 싶어 하지 않는다. 하지만 의외로 많은 사람이 자신의 신념이나 의지대로 살지 못한다. 무엇 때문일까? 무의식적으로 생각 없이 사는 시간이 많기 때문이다. 인간의 정신세계는 의식과 무의식의 세계로 나누어지는데 두뇌는 효율 측면에서 무의식을 꽤 자주 활용하곤 한다. 일명 '생각 없이' 무언가를 하는 일이 자주 있다. 생각 없다는 말이 나쁜 뜻으로 들릴 수 있지만 인간의 뇌는 극도로 효율을 추구하도록 설계되어 있다. 무언가 주어진 일을 처리할 때 모든 정보를 수집하여 활용하지 않고 대략적인 정보만 이용하고 나머지는 꿰어 맞추는 방식으로 작동한다. 정확성은 떨어지더라도 그렇게 하는 것이 두뇌 에너지의 소모를 줄이고 신속하게 판단할 수 있기 때문이다.

게다가 주어지는 모든 정보를 이용하여 판단하려고 하면 정보의 홍수에 치여 과부하에 걸리기 십상이다. 쏟아지는 외부의 모든 정보를 거르지 않고 전부 받아들이는 것은 불가능의 영역이다. 그래서 두뇌는 모든 정보를 바탕으로 분석하고 추론하여 결론 내리기보다는 자신의 경험을 통해 만들어진 사고의 틀을 이용하여 빠르게 이해하고 판단하려고 한다. 대략적인 큰 그림만 본 후 나머지는 자신의 경험과 신념에 따라 꿰어 맞춤으로써 상황을 판단하려고 하는 것이다. 의도적으로 신경을 써서 분석해야 하는 중요한 일이라고 판단되지 않거나 대수롭지 않은 일이라고 여기면 대부분 그렇다. 그러다 보면 기계적으로 사고하는 일이 많아진다. 기계는 생각이 없다. 프로그래밍된 대로 움직이며 정형화된 패턴에 따라 결론 내릴 뿐이다. 의식의 영역은 불이 꺼지고 무의식의 영역에 불이 들어오며 자동 조정 장치에 의해 '생각 없이', '그럴듯한' 답을 찾아가게 된다. 무의식의 영역에서는 초당 1,100만 개 정도의 정보가 처리되지만 의식의 영역에서는 초당 40개 정도의 적은 정보만 처리할 수 있으므로 빠르게 정보를 처리하기 위해서는 무의식의 영역에 도움을 받는 것이 더욱 효과적이다.

무의식을 활용하는 것이 효율 측면에서 뛰어난 선택이 될 수는 있겠지만, 지나치게 무의식에 의존하면 타성적이거나 안일한 삶에 빠져들 수 있다. 살고 싶은 삶보다는 살아지는 삶을 선택할 가능성이 높아진다. 의식을 많이 활용하는 사람들의 영향력에 휘둘려 자신의 희망과는 다른 삶을 살 수도 있다. 의식적으로 사는 다른 사람들은 '아무 생각 없이' 사는 사람들보다 더 능숙하게 생각할 수 있으니 말이다. 그래서 양질의 삶을 살기 위해서는 자신의 정신세계에 큰 관심을 두어야 하는데, 의식적인 정신세계에 강하게 추진력을 부여하는 역량을 가진 사람들일수록 삶을 더욱 성공적으로 살 수 있다.

시작한 일을 마무리 짓는다는 것은 의식적인 행동이다. 자기가 한 일을 인식하고, 그 안에서 교훈을 찾으려는 뚜렷한 목적을 가지고 있기 때문이다. 반대로 한번 생각해 보자. 자기가 어떤 일을 했는지 어렴풋하게는 알지만 명확하게는 인식하지 못하고, 그 안에서 어떤 교훈과 배움을 얻을지 찾으려 하지 않는다면 그건 의식적인 행동이라고 할 수 없다. 아무 생각 없이 가만히 놔두어도 달라지는 게 없기 때문이다. 의식적으로 처리하지 않아도 자연스럽게 이루어지는 일은 무의식적인 것이라 할 수 있다. 그러므로 시작한 일을 마무리 짓지 않는 것은 무의식적인 행동이다. 무의식의 영역이 의식의 영역보다 지나치게 활발하게 활동하면 자신에 대한 성찰과 피드백이 이루어지기 어렵고 개선과 발전에서 멀어질 수 있다. 로마의 황제이자 스토아학파 철학자였던 마르쿠스 아우렐리우스가 한 '습관적인 생각이 곧 당신의 정신이 된다. 생각이 정신을 물들이기 때문이다'라는 말처럼, 무의식의 영역에 갇혀서 습관적인 사고가 만들어 낸 정신세계에 빠져 지낼 수밖에 없다. 의식적으로 성찰하고 고칠 점과 발전시킬 점을 찾아내어 인지적으로 자기 자신에게 적용하려고 할 때 두뇌는 자동 조정 장치에서 벗어나 다른 관점에서 일을 처리하게 된다.

앞서 메타인지에 관해 이야기했지만, 의식의 세계와 메타인지는 서로 연결되어 있다. 두뇌의 의식 영역을 잘 활용하는 사람일수록 메타인지가 뛰어나고 메타인지가 뛰어난 사람은 자기성찰과 피드백 역량을 잘 갖추고 있어 높은 성과를 낼 가능성이 크다는 뜻이다. 의식적으로 자신을 바라보며 자신의 현재 수준을 정확하게 파악하고, 그 단계에서 자신이 가진 장점과 단점, 강점과 약점을 명확하게 인지하며, 무언가 과제를 수행했을 때 자기 모습이 어떻게 달라졌는지 등을 새롭게 업그레이드하는 것이 중요하다. 새로운 일을 시작할 때 매번 처음부터 시작하는 것보다는 마지막에 멈추었던 곳에서 출발하는 것이 더 유리하기 때문이다. 자신에 대해 잘 알고 있으면 그것이 가능하지만, 자신에 대해 잘 모르면 매번 처음으로 돌아가 출발을 되풀이할 수밖에 없다. 마치 대학 입시를 앞두고 공부하는 학생들이 두꺼운 교재를 처음부터 되풀이하여 봄으로써 1/3은 필기가 빼곡하지만, 나머지 2/3는 공부한 흔적도 없는 것처럼 말이다.

완료 여부와 상관없이 반드시 하던 일을 마무리하는 습관을 들여야 하는 이유도 이 때문이다. 마무리 짓는 과정을 통해 자신의 위치, 자신이 가진 강약점을 뚜렷하게 파악하고 무엇을 발전시켜 나갈지, 무엇을 버릴지, 무엇을 고칠지 피드백을 함으로써 자신이 앞으로 취해야 할 전략 등을 의식의 영역에서 명확히 해야 한다. 그런 습관이 반복되다 보면 의식 세계를 넘나드는 정보의 흐름과 처리를 지휘하고 통제하는 능력이 발전하게 된다. 결과적으로 무의식적인 문제 처리를 줄이고 의식의 영역에서 문제를 해결함으로써 사고와 판단의 질을 높일 수 있다.

미래에 대한
긍정적인 확신

앞서 중단된 일이나 유야무야된 일은 부정적인 감정을 남겨 미래에 좋지 않은 영향을 미칠 수 있다고 말했다. 그 이야기는 하던 일을 마무리 짓지 않았을 때 그렇다는 것이다. 중단된 일이나 유야무야 끝난 일이라 할지라도 마무리를 잘하게 되면 부정적인 정서 대신 긍정적인 정서를 가질 수도 있다. 오히려 전화위복의 기회인 셈이다. 생각해 보면 부정적인 정서를 갖는 이유는 자신이 하던 일을 되돌아보면서 그 일을 하는 동안 자신에게 일어난 변화를 살펴보지 못하기 때문이다. 하던 일은 중단됐고 손에 남은 것은 아무것도 없으니 해낸 일 또한 없다고 느껴진다. 따라서 일을 하기 전에 비해 달라진 게 하나도 없다고 여길 수 있다. 아무것도 건진 것 없는 일에 시간과 노력과 돈을 낭비했으니 본전 생각도 나는 데다 계획한 대로 일을 끝내지 못한 자신이 한심하게 느껴질 수도 있다.

이는 결과만 보고 과정을 보지 못하기 때문이다. 앞서 얘기한 것처럼 중단되거나 유야무야 끝난 일일지라도 잘 살펴보면 그 일을 통해 얻은 것들은 분명히 있게 마련이다. 그것이 큰 것이든 작은 것이든 상관없다. 작은 것이라도 내 안에 남았다는 사실을 확인하는 순간 생각이 달라진다. 지난 시간 동안 들인 노력이 결코 헛되지 않았음을 깨닫게 된다. 물론 투입한 것에 비해 얻은 것이 상대적으로 빈약할 수도 있으나, 아무것도 얻지 못한 것에 비하면 훨씬 낫다. 이렇게 확인하는 과정을 통해 마음의 위안을 얻을 수 있고 부정적인 감정 상태에서 벗어날 수 있다. 부정적인 감정이 완전히 제거되지 않는다고 해도 그 크기를 절대적으로 줄일 수 있다.

경우에 따라서는 자신감이 생겨날 수도 있다. 우리가 중단된 일이나 유야무야된 일을 마무리하며 되돌아보아야 하는 가장 큰 이유는 일이 그렇게 끝날 수밖에 없었던 원인을 찾아내는 것이다. 즉, 실패 원인을 명확하게 알아내는 데 그 목적이 있다. 그리고 어떻게 하면 미래에 똑같은 실수를 반복하지 않을지를 생각해 보는 것이다. 잡초의 뿌리를 뽑는 과정이 마무리 짓기인데, 실패한 원인을 찾아내고 같은 실수를 반복하지 않을 방법을 찾다보면 미래에는 같은 이유로 일을 실패하지 않으리라는 자신감을 가질 수 있다. 물론 같은 일이어도 미래에는 또 다른 이유 탓에 실패할 수도 있겠지만, 적어도 마무리 과정을 통해 드러난 이유로 실패할 가능성은 줄일 수 있다. 미리 준비하고 잘 대처하기만 한다면 말이다. 앞서 말한 것처럼 유튜브 채널 운영이 흐지부지 종료되었지만 나는 그 일을 마무리하며 돌아보는 과정에서 무엇 때문에 그런 결과를 낳았는지 알게 되었고 다시 그 일을 한다면 조금 더 잘할 수 있겠다는 자신감을 가지게 되었다.

자신감이 생겨나면 더 이상 부정적인 감정에만 휩싸이지는 않게 된다. 부정적인 정서는 지나간 일에 대한 후회는 있으나 그것을 해결할 방법을 찾지 못할 때, 앞으로도 동일한 일이 반복될 것을 막지 못하겠다고 여길 때 생겨난다. 만일 대책이 있다면 부정적인 정서를 가질 이유는 없다. 다시 시도하면 되니 말이다. 자신감이 생긴다는 것은 유사한 일을 실행했을 때 성공하리라고 장담하기는 어렵지만, 적어도 같은 형태로 흐지부지 그만두지는 않을 것이라는 믿음이기도 하다. 지나간 일보다는 잘할 수 있다는 스스로에 대한 믿음이다. 그러므로 자신감이 생기면 부정적인 감정은 사라지고 긍정적인 감정을 가질 수 있게 된다. 앞서도 말했지만, 감정은 정서에 영향을 미치게 되고 이러한 변화는 신체에도 영향을 미치며 신체는 다시 뇌의 작동 방식에 영향을 미친다. 긍정적인 감정을 가지게 되면 도파민이나 세로토닌, 옥시토신 등 좋은 신경 전달 물질의 분비가 늘어난다. 더불어 테스토스테론과 같은 호르몬의 분비도 촉진되어 실행력도 높아지고 자신감이 더욱 배가될 수 있다.

물론 이상적인 경우이기는 하지만, 어떤 일이든 한 번 시작한 일을 끝까지 마무리하는 것이 습관이 되고 그 과정에서 자신의 변화를 발견하는 데 익숙해지면 자연스럽게 중단되거나 유야무야된 일도 부정적인 시선이 아닌 긍정적인 시선으로 바라보게 된다. 어떤 일이든 자신 있게 추진하고, 또다시 실패하는 한이 있더라도 그 안에서 배움을 얻음으로써 꾸준히 발전해 나갈 수 있다.

5장

일을 마무리하는 힘, 점검과 분석의 기술

이제 일을 마무리하는 방법에 대해 조금 더 구체적으로 알아보도록 하자. 무엇을 살펴보고 무엇을 분석하여 어떤 교훈을 얻어야 할까? 뒤에 예시와 함께 자세한 내용을 설명하겠지만 이 단계에서는 개념적으로만 간단하게 살펴보고 넘어가도록 하자. 일을 마무리 짓는 항목이나 성공 요인, 실패 요인 등을 찾아내는 분석이 복잡하고 어렵게 느껴질지도 모른다. 그러나 일을 마무리 짓는 것이 부담스러운 일이 된다면 그 누구도 쉽사리 하던 일을 마무리 지으려 하지 않을 것이다. 부담을 느끼지 않고 수월하게 할 수 있어야 가벼운 마음으로 마무리를 지을 수 있다. 따라서 앞으로의 내용들을 부담스럽게 느끼거나 어렵게 여기기보다는 편한 마음으로 가볍게 따라오길 바라고, 자신만의 방식으로 활용하는 요령을 터득하길 권하고 싶다.

공통적으로
점검해야 할 항목들

마무리하는 내용은 계획대로 완수한 일과 중도에 실패나 포기로 인하여 중단된 일, 그리고 유야무야 끝난 일이 모두 달라야 한다. 서로 성격이 다르므로 되돌아보며 짚어볼 내용도 그 성격에 맞추어 조금씩 달라질 필요가 있다. 먼저 공통적으로 해야 할 일부터 살펴보자.

가장 먼저 할 일은 일의 내용과 목적이 무엇이었는지를 뒤돌아보는 것이다. 무엇을 했으며 왜 그 일을 했는지를 돌아보는 과정이 선행되어야 한다. 무슨 일을 하든 사람은 필요에 의해 일하기 마련이다. 끝난 일을 되돌아보며 무슨 일을 어떤 필요에 의해 시작했는지 짚어볼 필요가 있다.

두 번째로 할 일은 자신이 어떤 일들을 했는지 정리해 보는 것이다. 완수한 일이나 중단된 일이나 유야무야 끝난 일 모두 처음부터 끝까지 자신이 했던 일들을 나열해 보아야 한다. 이건 두루뭉술하게 정리해서는 안 되고 최대한 상세하게 정리해야 한다. 두루뭉술하게 정리한 일은 추상적이고 개념적이다. 개념적인 것은 그 내용을 명확하게 파악하기 어렵다. 일을 마무리하는 목적은 자신이 어떤 일들을 했는지 돌아보면서 잘한 것과 못한 것을 찾아내고 그 안에서 배움이나 교훈을 얻기 위한 것인데 너무 크고 두루뭉술하게 정리해 놓으면 세부적인 측면에서 분석하기 어렵다. 게다가 시간이 지나면서 세세한 것은 잊혀지고 큰 일만 남게 되어 훗날 자신이 어떤 일들을 했는지 기억할 수 없게 된다. 그러므로 자신이 한 일은 가급적 상세히 정리해야 한다.

예를 들어 점심으로 라면을 끓여 먹는다고 하면 그건 하나의 일처럼 보이지만, 그 안에는 또 여러 가지 작은 일들이 있다. 먼저 라면을 끓이기 위해서는 냄비에 물을 받아 불에 올려놓고 끓여야 한다. 파나 고추 등 라면에 들어갈 재료들을 씻어서 자르고 계란이 국물과 잘 섞일 수 있도록 풀어 놓아야 한다. 물이 끓으면 조리 단계로 들어가야 하는데, 준비된 모든 재료를 끓는 물에 넣고 필요한 시간 동안 끓여주어야 한다. 라면이 다 끓으면 식탁으로 옮긴 후 김치 등 다른 반찬을 꺼내 라면을 먹고 설거지를 해야 한다. 모든 일은 이렇게 하위의 세세한 항목으로 나뉘어져 있으므로 이 일들을 찾아내어 빠짐없이 기록할 필요가 있다. 되도록 더는 쪼갤 수 없는 상세 단위까지 쪼개는 것이 바람직하다.

라면 끓여 먹기	조리 준비	물 끓이기
		재료 손질하기(파, 고추 등)
		계란 풀기
	조리	끓는 물에 재료 투입하기
		끓이기
	취식과 뒷정리	주방에서 식탁으로 옮기기
		반찬 꺼내기
		식사하기
		설거지하기

이렇게 상세하게 남긴 기록은 훗날 돌아보는 데도 도움이 된다. 예를 들어 주말농장에서 텃밭을 가꾼다고 해보자. 언제 무슨 작물을 심었고 중간에 무슨 일들을 했으며 언제 수확을 했는지 등을 자세히 기록해 두면, 다음 해 농사를 시작할 때 그 내용을 보면서 '이런 것들이 필요하구나' 하며 할 일을 미리 파악할 수 있고, 불필요하다고 여겨지는 일은 없앨 수 있다. 나아가 때를 놓치지 않고 필요한 일을 할 수 있고, 같은 일을 되풀이하면서도 할 때마다 처음부터 배

우는 에너지의 낭비를 막을 수 있다. 그러므로 마무리의 두 번째 단계로 자신이 한 일을 가급적 상세하게 나열하는 작업이 필요하다.

공통적으로 정리해야 할 세 번째 항목은 그 일을 통해 자신이 무엇을 얻었는지 체크하는 일이다. 즉, 일을 하면서 쌓은 지식·경험·스킬·노하우를 구체적으로 파악하는 것이다.

완수한 일은 완수한 일대로, 실패나 포기로 끝난 일은 그 나름대로 의미가 있다. 심지어 유야무야 끝난 일이라도 그 과정을 통해 얻은 변화가 있을 것이다. 일을 시작하기 전에는 없었지만, 과정을 거치며 새로 얻게 된 것이 무엇인지 정리해야 한다. 그것이 지식일 수도 있고, 처음 하는 일이었다면 경험 자체가 성과일 수도 있다. 무언가 스킬이 필요한 일이었다면 그 일을 하며 익힌 스킬과 배운 노하우를 기록해 두자. 또한 마음의 성장이나 심리적 성과가 있었다면 그것 역시 포함해 볼 만하다.

이 단계에서 필요하다면 자신이 얻은 것들을 매뉴얼처럼 정리해 볼 수도 있다. 내 경우를 예로 들자면, 유튜브 채널을 운영하기 위해 사용했던 동영상 편집 프로그램이나 소프트웨어에 관해 어떤 메뉴를 이용하여 어떻게 편집했는지 등을 매뉴얼화하는 것이다. 이 과정이 유의미한 이유는 분명하다. 유사한 일을 반복해서 하지 않으면 시간이 지나면서 기억이 희미해진다. 인간의 기억력에는 한계가 있고, 자주 활용하는 내용은 오래 기억할 수 있지만 활용하지 않는 기억은 금방 사라진다.

만일 기록을 남겨두지 않으면 자신이 한 일임에도 불구하고 훗날 다시 필요해졌을 때 그 기억을 꺼내어 활용할 수 없다. 그러면 다시 처음으로 돌아가 필요한 내용들을 얻기 위해 시간과 돈을 투입하고 노력을 들여야 한다. 그 시간 동안 다른 일은 할 수 없으니 자원의 낭비가 아닐 수 없다. 앞으로 나아가야 할 시간에 왔던 자리로 되돌아가는 셈이다. 하지만 자세히 기록해 두면 시간이 지나 기억이 흐릿해졌어도 그것을 찾아보면서 기억을 되살릴 수 있고, 맨바닥에서 다시 시작해야 하는 비효율에서 벗어날 수 있다. 여기에서 그치지 않고 더 나아가 일을 통해 얻은 것들을 앞으로 어떤 일에, 어떻게 활용할 수 있을지 살펴보는 것도 유의미한 과정이 될 것이다.

네 번째로 정리해야 할 것은 잘한 점과 부족한 점이다. 운동 경기에서 상대를 물리치고 승리했다고 해서 경기 내내 완벽하지는 않았을 것이다. 잘한 순간도 있지만, 승리를 놓칠 만큼 아찔한 실수를 범했을 수도 있다. 반대로 패배한 경기라도 내용 전체가 무의미한 것은 아니다. 그 안에는 잘한 점과 다음에 참고할 만한 점도 있다. 일도 마찬가지다. 언제나 잘한 부분과 미흡한 부분이 섞여 있으므로 이를 구분해 살펴봐야 한다. 잘한 점은 다음에도 이어가고, 부족했던 점은 같은 실수를 되풀이하지 않도록 정리해야 한다. 일을 수행하는 과정에서 힘들었지만 끝내 극복해 낸 방법은 무엇이었는지, 잘한 부분은 어디였는지, 실수의 원인은 무엇이었는지, 또 그런 실수를 피하려면 어떻게 해야 하는지를 되짚어 보는 것이다. 이렇게 정리하다 보면 일에서 얻은 교훈과 시사점이 자연스럽게 드러나고, 이는 다음에 추진할 일에 유용한 참고가 된다.

이를 정리해 보면 다음과 같다.

공통적으로 정리할 사항

(1) 일의 내용과 목적
- 일의 내용
- 일의 목적

(2) 일을 수행하는 과정에서 한 일(상세하고 디테일하게 정리)

(3) 자신이 얻은 것(일을 시작하기 전과 달라진 것)
- 일을 하는 과정에서 얻은 지식
- 일을 통해서 얻은 경험

- 일을 통해서 배우게 된 스킬
- 일을 통해서 깨닫게 된 노하우
- 일을 통해 얻은 심적인 측면의 성과

(4) 힘들었던 일과 극복 방법(잘한 것)

(5) 잘못한 일이나 아쉬운 점

- 무엇을 잘못했는지 혹은 아쉬운 점이 무엇인지
- 같은 잘못을 반복하지 않으려면 어떻게 해야 하는지

(6) 일을 통해서 얻은 전반적인 교훈이나 시사점

완수한 일에서
점검해야 할 항목들

이제 일의 완료 여부에 따라 마무리에서 어떠한 내용을 정리해야 할지 살펴보자. 일을 시작하며 세운 목표의 달성 여부와 관계없이, 일이 계속 진행되었는지 중단되었는지에 따라 완수된 일과 중단된 일로 구분할 수 있다.

두 가지 모두 이미 끝난 일이지만 계획된 범위의 일을 모두 마쳤느냐 아니면 중도에 그만두었느냐에 따라 마무리해야 할 내용이 달라진다. 여기에 유야무야된 일도 있다. 이건 진행 여부로 보면 완전하게 끝이 난 게 아니므로 진행이라고 할 수 있지만, 실질적으로는 종료에 가깝다. 더 이상 시간을 들인다고 해서 일이 진행되지도 않고, 결과가 크게 달라지지도 않기 때문이다. 그래서 유야무야된 일은 완수나 중단된 일과는 또 정리해야 할 내용이 다르다. 먼저 완수한 일부터 살펴보자.

글쓰기에 기승전결의 전개 방식 혹은 서론·본론·결론의 구조가 존재하듯, 일에도 거쳐 가는 일정한 단계가 존재한다. 초반에는 몰입했다가 중반에는 열의가 식고, 다시 후반에 집중하는 흐름을 보이기도 한다. 반대로 초반에는 흥미를 느끼지 못해 계속할지 고민하다가, 중반 이후 흥미를 되찾아 속도를 내며 마무리하는 경우도 있다. 작은 일이라면 처음부터 끝까지 큰 변화 없이 평탄하게 진행되기도 한다. 자신이 수행한 일이 어떤 과정을 거쳐 완료되었는지, 각 단계에서 어떻게 대응했는지를 정리해 보면 앞으로 비슷한 일을 시작할 때 겪게 될 상황을 어느 정도 예측할 수 있다. 물론 단순한 일은 이렇게 정리할 과정과 단계가 마땅치 않을 수 있으나, 중요하거나 시간과 비용이 많이 드는 일이라면 분명히 거쳐야 할 단계가 존재한다.

완수한 일을 마무리 지을 때 반드시 해야 할 것 중 하나가 일을 끝까지 마칠 수 있었던 이유, 중도에 그만두거나 포기하지 않고 계획대로 수행하게 된 동력을 찾는 것이다. 일을 성공적으로 마칠 수 있었던 원인이 무엇인지 밝혀내는 과정이라고 보면 된다. 이러한 것들을 명확하게 알 수 있으면 향후 벌어질 일에도 참고할 수 있다. 반드시 동일한 일 혹은 유사한 일이 아니더라도 보편타당하게 적용할 수 있는 요인들이 있다면 그건 전혀 다른 성격의 일에도 접목할 수 있다. 그러므로 일을 끝까지 마칠 수 있었던 성공 요인을 밝혀내는 것은 아주 중요하다.

✥ 완료된 일에 대해 정리할 사항

(1) 시작부터 완료까지 거쳐 간 일의 과정 혹은 단계

- 어떤 과정 혹은 단계를 거쳐 갔는가?
- 각 과정 혹은 단계에서 어떤 일들이 있었는가?
- 각 과정이나 단계에서 어떻게 대응했는가?

(2) 성공 요인 혹은 일을 끝까지 마칠 수 있었던 동력은 무엇인가?

중단된 일에서
점검해야 할 항목들

중단된 일은 완수한 일과 분석해야 할 내용이 다르다. 중단된 일을 마무리 지을 때 가장 중요한 것은 그 원인을 밝히는 일이다. 실패나 포기로 인해 일이 더 이상 진행되지 못하고 끝났을 수도 있지만, 무엇 때문에 멈출 수밖에 없었는지를 분명히 알아야 한다. 그래야 같은 실수를 되풀이하지 않는다. 중단 원인을 찾다 보면 새롭게 깨닫는 부분도 생기지만, 비슷한 이유가 반복되는 경우도 있다. 같은 이유로 일을 멈추는 상황이 반복되는 건 바람직하지 않다. 미래에도 동일한 상황이 다시 발생할 가능성이 크기 때문이다. 이런 패턴은 자신감이나 자존감에도 부정적인 영향을 준다. 반복적으로 드러나는 중단 요인은 반드시 고치거나 제거해야 하는데, 반복된다는 것은 그만큼 바꾸기 어렵다는 뜻이기도 하다. 어쩌면 자신이 그 사실을 인식하지 못하고 있을 수도 있다.

중단된 일을 마무리하며 정리하지 않으면 이런 것들을 쉽게 알 수 없다. 반복적으로 나타나는 원인임에도 '그것 때문이다'라고 명확히 정의가 된 적이 없으므로 그럴 것이라 의심하거나 다른 이유 때문에 중단된 것이라고 오해하기 쉽다. 그러나 근본적인 원인을 파헤쳐 나가다 보면 반복적으로 나타나는 요인들을 발견하기도 하고, 처음 보는 원인을 발견하기도 할 것이다. 그렇게 명확히 드러나는 원인들에 더욱 주의를 기울이며 고치기 위해 노력한다면, 같은 원인으로 인한 일의 중단을 막을 수 있다. 알면 대처할 수 있지만 모르면 대처할 수 없다. 그러므로 중단된 일에 대한 마무리는 그 원인을 명확히 밝혀내는 데 초점이 맞춰져야 한다.

일이 중단된 원인을 찾아낸 이후에는 그것을 막을 수 있었는지, 반복해서 중단하지 않으려면 어떻게 해야 하는지를 생각해 보아야 한다. 우리가 중단된 일을 마무리하며 되돌아보는 이유는 단지 그 원인만 파악하기 위한 것은 아니다. 원인을 파악하고 그것을 되풀이하지 않으려는 목적도 있다. 중단 원인은 막을 수 없었던 것인지, 만일 막을 수 없었다면 앞으로 같은 일이 반복되는 것을 방지하려면 어떻게 해야 하는지, 그 원인은 반복적으로 나타나는 것인지, 만일 그렇다면 반복적으로 나타나는 이유는 무엇이며 어떻게 해야 반복을 막을 수 있는지 등을 고민해 볼 필요가 있다. 이렇게 해결책까지 생각해야 중단된 일에 대해서도 자신감을 갖고 긍정적인 감정을 느끼게 된다. 정리해 보면 다음과 같다.

✥ 중단된 일에 대해 정리할 사항

(1) 중단 원인
- 일을 끝까지 완수하지 못하고 중도에 그만두게 만든 원인은 무엇인가?
- 그 원인은 미리 막을 수 없었는가?
- 그 원인은 반복적으로 나타나는 것인가?

(2) 또다시 일이 중단되는 것을 막을 수 있는 방안
- 향후 같은 잘못을 반복하지 않으려면 어떻게 해야 하는가?
- 반복적인 원인은 막을 수 있는가? 만일 그렇다면 어떻게 해야 하는가?

유야무야된 일에서
점검해야 할 항목들

유야무야된 일 역시 그 원인부터 밝혀내는 것이 중요하다. 냉정하게 생각해 보면 우리가 하는 일 중 많은 것들이 일정한 시간이 지난 후에 계속되는 것도 아니고 완전히 끝난 것도 아닌 채 흐지부지 사라지곤 한다. '작심삼일'이라는 말은 상당수의 일들이 유야무야 사라진다는 뉘앙스를 내포하고 있다. 그림을 배우러 다니다가 시들해지거나, 살을 빼기 위해 야심차게 운동을 시작했다가도 흐지부지된다. 취미 동호회에 가입하여 열심히 활동하다가 어느 순간 흥미를 느끼지 못하면서 발길을 끊을 수도 있다. 사람에 따라서는 계획대로 끝내는 일보다 중간에 그렇게 흐지부지 끝나는 일이 더 많기도 하다. 이런 일이 잦아지면 결코 좋은 성과를 거둘 수 없다. 일을 하다가 흐지부지 끝낸다는 것은 단호하게 말하면 아무것도 하지 않은 것과 마찬가지일 수 있기 때문이다. 그래서 이런 성격을 가진 일들은 더욱 관심을 가지고 마무리할 필요가 있다. 가장 신경 써야 할 것은 유야무야된 원인과 대책을 찾는 것이다. 무엇 때문에 일이 계속 추진되지 못하고 중간에 유야무야되고 말았는지, 같은 일이 되풀이되지 않으려면 무엇이 달라져야 하는지 등에 대해 살펴보아야 한다.

만일 반복적으로 드러나는 원인이 있다면 개인의 습관이나 성향에서 비롯되었을 가능성이 크다. 이런 요인은 방치해서는 안 된다. 원인이 남아 있는 한 어떤 일을 하더라도 끝까지 완수하기 어려우며 도중에 흐지부지 끝날 위험이 있기 때문이다. 반드시 뿌리를 뽑아 개선해야 하지만, 정작 자신이 그런 습관이나 성향을 지니고 있다는 사실을 인식하지 못하는 경우가 많다. 그렇게 의도치 않게 방치하면 일의 추진력이 떨어지고 결과의 완성도 역시 낮아질 수 있다. 일을 마무리하는 과정에서 객관적이고 냉정하게 원인을 밝혀내다 보면 그것이 습관인지 아닌지 파악하게 된다.

✥ 유야무야된 일에 대해 정리할 사항

(1) 유야무야된 원인

- 일을 완수하지 못하고 중간에 흐지부지된 원인은 무엇인가?
- 그 원인은 막을 수 없었나?
- 그 원인은 반복적으로 나타나는 것인가?

(2) 같은 일의 반복을 막을 수 있는 방안

- 향후에도 일을 유야무야 끝내지 않으려면 어떻게 해야 하는가?
- 반복적인 원인은 막을 수 있는가? 만일 그렇다면 어떻게 해야 하는가?

이 내용들을 한 번에 정리해 보자.

	공통적인 항목	개별적인 항목
완수된 일	**일의 내용과 목적** • 일의 내용 • 일의 목적 **자신이 한 일** (상세하고 디테일하게 정리) **자신이 얻은 것**(일을 시작하기 전과 달라진 것)	시작부터 완료까지 거쳐 간 일의 과정 혹은 단계 • 어떤 과정 혹은 단계를 거쳐 갔는가? • 각 과정 혹은 단계에서 어떤 일들이 있었는가? • 각 과정이나 단계에서 어떻게 대응했는가? 성공 요인 혹은 일을 끝까지 마칠 수 있었던 동력은 무엇인가? (핵심 성공 요인)
중단된 일	• 일을 하는 과정에서 얻은 지식 • 일을 통해서 얻은 경험 • 일을 통해서 배우게 된 스킬 • 일을 통해서 깨닫게 된 노하우 • 일을 통해 얻은 심적인 측면의 성과 **힘들었던 일과 극복 방법**(잘한 것) **잘못한 일이나 아쉬운 점**	중단 원인 • 일을 끝까지 완수하지 못하고 중도에 그만두게 만든 원인은 무엇인가? • 그 원인은 미리 막을 수 없었는가? • 그 원인은 반복적으로 나타나는 것인가? 또다시 일이 중단되는 것을 막을 수 있는 방안 • 향후 같은 잘못을 반복하지 않으려면 어떻게 해야 하는가? • 반복적인 원인은 막을 수 있는가? 만일 그렇다면 어떻게 해야 하는가?
유야무야된 일	• 무엇을 잘못했는지 혹은 아쉬운 점이 무엇인지 • 같은 잘못을 반복하지 않으려면 어떻게 해야 하는지 **일을 통해서 얻은 전반적인 교훈이나 시사점**	유야무야된 원인 • 일을 완수하지 못하고 중간에 흐지부지된 원인은 무엇인가? • 그 원인은 막을 수 없었나? • 그 원인은 반복적으로 나타나는 것인가? 같은 일의 반복을 막을 수 있는 방안 • 향후에도 일을 유야무야 끝내지 않으려면 어떻게 해야 하는가? • 반복적인 원인은 막을 수 있는가? 만일 그렇다면 어떻게 해야 하는가?

마무리의 효과를 높이는 분석 요령

앞서 완수된 일과 중단된 일, 그리고 유야무야된 일을 마무리할 때 살펴보아야 할 항목들을 언급했지만, 모든 것은 가급적 상세하고 깊이 있게 들여다보는 편이 좋다. 물론 진행한 일의 중요도나 시간적 여유 등에 따라 분석의 내용이나 깊이가 달라질 수는 있지만, 시간이 허락하는 범위 내에서 되도록 디테일하게 점검해 보기를 권한다. 자신이 한 일을 세세하게 나열해 본 다음에 마무리에서 해야 할 가장 중요한 일은 계획한 대로 일을 완수할 수 있었던 요인, 중단한 원인, 유야무야된 원인을 찾는 것이다. 다시 말해 원인 분석을 통해 앞으로 더욱 발전시켜 나갈 것(성공 요인)과 반복해서는 안 될 것(중단 원인, 유야무야된 이유)을 찾아내어 향후 적용할 수 있는 교훈을 얻는 것이다.

자신이 한 일이나 자신이 얻은 지식, 스킬, 노하우, 성과, 그리고 잘한 것과 못한 것 등을 정리하는 것은 상대적으로 쉽다. 사실을 누락하거나 중복되지 않게 일목요연하게 정리하면 되기 때문이다. 하지만 원인 분석은 생각만큼 쉽지 않다. 원인이라는 것이 마치 식물의 뿌리처럼 땅 깊숙한 곳에 숨어 겉으로 드러나지 않기 때문이다. 자칫 땅 위로 드러난 줄기를 원인이라 여길 수도 있다. 잡초를 제거할 때 줄기만 따서 버리면 시간이 지나면서 다시 잡초가 자라난다. 뿌리가 남아 있기 때문이다. 잡초를 제거하는 가장 올바른 방법은 뿌리까지 송두리째 뽑아버리는 것이다.

일을 성공적으로 완수할 수 있게 해주는 요인도 중단하거나 유야무야되게 만드는 원인도 잡초의 뿌리와 같다. 좋은 원인은 뿌리내리게 하고 나쁜 원인이 자라나지 못하게 하려면 일단 뿌리를 찾아야 한다. 이를 근본 원인이라고 한다. 우리가 시작한 일을 마무리하려는 이유는 지나간 일을 통해 미래에 할 일에 도움이 되는 교훈을 발견하기 위한 목적이 크다. 무엇을 했고 무엇을 얻었는지 뒤돌아보는 것도 중요하지만, 왜 성공했고 실패했으며 어떻게 해야 앞으로 바람직한 결과를 얻을 수 있을지 깨달음을 얻는 것이 더 중요하다. 깊이 있고 정확한 분석을 통해 근본 원인을 잘 찾아낼수록 미래에 도움이 되지만, 엉뚱한 원인을 찾아낼 경우 단점은 해결되지 않고 같은 문제가 재발할 수 있다. 엉뚱한 원인은 잡초의 줄기에 해당된다. 줄기를 제거한다고 해서 잡초가 제거되지 않는다는 사실을 명심하자.

원인 분석은 언뜻 보기엔 단순해 보이지만 실제로는 그렇지 않다. 짧은 기간 안에 끝낼 수 있는 일은 대체로 목표를 달성하며 마무리된다. 반면 장기간 지속해야 하는 일은 실패나 포기로 중단되거나 유야무야되기 쉽다. 그러면 사람들은 흔히 그런 결과의 원인을 '의지 부족'이나 '인내심 부족'으로 단정하곤 한다. 그러나 유야무야 끝난 일이 정말 의지의 문제라면, 다음에는 의지만 강화하면 해결되어야 한다. 인내심이 문제라면 인내심을 더 기르면 된다. 하지만 실제로는 이런 접근이 같은 일을 반복하는 것을 막는 데 별 도움이 되지 않는다. 문제의 본질을 구체적으로 파악하지 못한 채, 관념적인 해석에 지나지 않기 때문이다.

의지 부족이나 인내심 부족은 조금 더 파고 들어가면 그 이면에 다른 원인이 있을 수 있다. 예를 들어 의지 부족은 딱히 목표 의식이 없었기 때문일 수도 있고 동기부여가 안 돼서일 수도 있다. 그렇다면 의지 부족으로 인해 일이 유야무야 사라지지 않도록 하기 위해서는 동기부여 요인을 명확히 하거나 목표를 뚜렷하게 세워야 한다. 인내심 부족도 마찬가지다. 인내심이 부족해진 보다 근본적인 원인이 있다.

　이렇게 하나씩 근본 원인을 깊이 파고들어야 한다. 완수했든 중단했든, 시작한 일을 마무리하지 않은 채 넘어가면 성공 요인이나 중단 이유를 '의지 부족' '인내심 부족'처럼 피상적으로만 파악하게 된다. 그러나 그런 진단으로는 문제의 재발을 막지 못한다. 어떤 일을 중간에 그만두고도 근본 원인을 모르면 다음에 유사한 일을 할 때 같은 이유로 또 멈추게 된다. 반대로 계획대로 일을 마쳤는데도 성공의 근본 요인을 모르면 다음에는 그 경험을 살리지 못해 실패로 이어질 위험이 커진다. 그러므로 분석 단계에서는 한층 더 깊이 들어가 근본 이유를 정확히 밝혀야 한다.

6장
성공적으로 완수한 일을 마무리하기

이제부터 일의 성격에 따라 마무리하는 요령을 구체적인 사례로 살펴보도록 하자. 마무리 단계에서 점검해야 할 항목은 앞 장에서 다루었으므로, 이번 장에서는 실제로 어떻게 해야 하는지 보다 자세히 설명하도록 하겠다.

마무리하는 시점

일의 크기나 무게와는 무관하게 어떤 일을 계획한 대로 완수하면 기분이 좋아진다. 뇌 안의 보상 중추가 활성화되어 도파민이 분비되고 즐거움과 만족감, 성취감을 느낄 수 있다. 이러한 긍정적인 정서로 인해 계획대로 끝마친 일은 마무리하기가 수월하다. 다시 들여다봐도 속상할 만한 일이 없으므로 지난 일을 되돌아보는 것을 꺼릴 이유가 없기 때문이다. 그래서 계획대로 완수한 일은 즐거운 마음으로 마무리할 수 있다.

그렇다면 어떤 시점에 마무리하는 것이 좋을까? 그건 일의 크기에 따라, 그리고 그 일을 통해 얻은 성취감과 그로 인한 감정의 크기에 따라 달라질 수 있다. 수월하게 해내서 일을 마쳤다고 특별히 감격스럽지 않은 작은 일의 경우 마무리 짓는 시기는 빠르면 빠를수록 좋다. 일이 끝났다고 인지한 바로 그날, 혹은 그다음 날이라도 마무리하면 좋다. 일이 크지 않아 적은 시간을 들여 마무리할 수 있으므로 굳이 끝난 일을 마무리 짓지 않고 미뤄둘 필요가 없다.

하지만 종종 큰일도 있을 수 있다. 예를 들어 몇 년 동안 준비한 입사 시험에 합격하여 원하는 직장에 취업이 확정된 경우, 혹은 큰 자격 시험에 합격하여 미래의 불안에서 해방된 경우, 그때는 감정적인 변화가 따를 수밖에 없다. 과도하게 흥분해 이성적인 사고에서 멀어질 수도 있다. 공포나 두려움 등의 감정과 마찬가지로 아무리 좋은 일일지라도 지나치게 감정적으로 흥분하면 전두엽의 사고 역량이 저하된다. 그런 감정 상태에서는 자신이 한 일을 돌아보는 것이 썩 바람직하지 않다. 지난 일들을 지나치게 낙관적이고 관대한 시선으로 볼 수 있기 때문이다. 그러다 보면 마무리하는 과정이 수박 겉핥기처럼 형식적이 되거나 오류가 생길 여지도 있다. 그래서 큰일을 성공적으로 완수한 경우에는 잠시 그 흥분 상태가 가라앉아 평소의 감정 상태로 돌아올 때까지 기다리는 것이 좋다.

아무튼 계획한 대로 일을 완수한 경우 마무리 시기는

흥분의 감정이 가라앉은 후 빠르면 빠를수록 좋다. 일의 성격에 따라 다르긴 하겠지만 성취감에 들떠서 마무리를 미루다 보면 자칫 게을러질 수도 있고 기억이 흐릿해져 정확한 정보를 파악하기 어려워질 수도 있기 때문이다. 게다가 마친 일을 마무리 지으면 다음 일을 착수하는 데도 거리낌이 없지만, 마무리를 짓지 않으면 '이대로 다음 일을 시작해도 되나?'하는 생각 때문에 이후에 하는 일에도 영향을 줄 수 있다. 그러므로 계획한 목표를 달성하고 성공적으로 완수한 일은 가급적 미루지 말고 서둘러 마무리 짓는 것이 좋다. 기억이 생생할수록 더욱 정확한 정보를 남길 수 있고 그때의 감정 상태를 뒤돌아볼 수 있다.

마무리하는 방법

완수한 일을 마무리할 때 가장 먼저 해야 할 일은 일의 내용과 그 목적이 무엇이었는지를 돌아보는 것이다. 이해를 돕기 위해 지금부터 내가 과거에 성공적으로 완수했던 일을 예시로 다루고자 한다. 어쩌면 지나치게 개인적인 경험이라고 여길 수도 있겠지만, 설명이 목적이므로 양해하고 읽어주길 바란다.

나이가 들면서 최근에 다시 체중이 불어나고는 있지만 나는 거의 15년 가까이 표준 체중을 지키며 살아왔다. 군살이라고는 전혀 없었고 매년 건강검진에서 실제 나이보다 적은 신체 나이를 인정받곤 했다. 불행히도 그전에는 초고도 비만이었다. 다시 떠올리고 싶지도 않지만, 작은 키에 감당할 수 없을 정도로 배가 튀어나와 신발 끈을 매려면 숨이 헉헉 찰 정도였다. 평생을 사무직으로 살다 보니 직장 생활을 하면서 자리에 앉아만 있는 시간이 많았고, 새벽까지 술자리를 갖는 일도 빈번했으며, 젊은 시절부터 계속된 수면장애로 인해 잠을 제대로 못 자는 날도 많았기 때문이다.

한 번 불어난 체중은 가속도가 붙은 듯 계속 늘어났다. 비만의 심각성을 깨닫고 살을 빼고 싶어도 잘못된 식습관으로 인해 살을 빼기가 어려웠다. 오히려 시간이 갈수록 체중이 더욱 불어나 매년 허리 사이즈를 늘려가며 새로운 옷을 사지 않으면 안 될 정도였다. 그러던 어느 날, 둘째의 체육대회에 참가해 아빠들의 달리기 경주에 나갔다가 완주하지도 못하고 넘어지면서 크게 망신을 당한 후, 더는 그대로 있어서는 안 되겠다는 생각이 들었다. 마침내 살을 빼기로 결심했다.

살을 빼기 위해 내가 선택한 방법은 크게 두 가지, 운동과 식사 조절이었다. 다이어트 경험이 없었기에 무엇을 해야 할지 몰랐지만, 우선은 그 두 가지를 중점적으로 해보기로 했다. 아무래도 운동을 하지 않고서는 살을 빼기 힘들 것 같아서 운동을 결심했는데, 많은 선택지 중 내가 고른 것은 수영이었다. 어린 시절, 가족들과 함께 놀러 갔던 계곡에서 빠져 죽을 뻔한 고비가 있었기에 물은 내게 늘 공포의 대상이었다. 수영을 배워서 물에 대한 공포를 이겨내고 살을 빼는 데도 도움을 얻고 싶었다. 이를 정리해 보면 다음과 같다.

- **일의 내용**
  - 체중 감량을 위한 운동과 식사 조절
- **일의 목적**
  - 표준 몸무게에 도달하도록 체중 감량
  - 깊은 물에서도 생존 가능한 수영 실력 습득
  - 운동을 통한 건강 유지

마무리 과정에서 이 다음 할 일은 자신이 했던 세부적인 일들이 무엇인지 빠짐없이 나열해 보는 것이다. 그 당시 집은 일산이었고 회사는 역삼동에 있었는데 아침 운동을 마치고 바로 출근할 생각으로 회사 근처의 수영장에서 아침 7시에 시작하는 강습 프로그램을 수강하기로 했다. 운동과 함께 식사 조절도 병행했다. 그때까지만 해도 아침과 점심, 저녁 세 끼를 꼬박꼬박 챙겨 먹었는데 그 양 또한 적지 않았다. 특히나 저녁 식사는 배가 불러 숨을 쉬기 어려울 때

까지 먹곤 했는데 살이 찔 수밖에 없는 식습관이었던 셈이다. 운동만으로는 충분치 않을 것 같아 식사량을 줄이기로 했다. 살을 빼기 위해서는 먹는 양을 줄여야 하는데, 늘어난 위를 줄이지 않고서는 불가능하다는 이야기를 듣고 식사량부터 줄이기로 한 것이다. 당시 내가 택한 식사 방법은, 아침에는 주먹만 한 토마토 하나, 작은 것이라면 두세 개 정도를 먹는 것이었다. 점심은 밥공기로 하나 가득, 즉 정량을 지키고 저녁은 정량의 1/3 정도만 먹었다. 식사라기보다 허기만 가시는 수준으로 먹으려 한 것이다. 따져보자면 평소 식사량을 1/2 정도로 줄인 것 같은데, 아무튼 될 수 있는 한 적게 먹으려 노력했다.

식사량을 줄이며 식습관도 바꿨다. 살이 찌는 이유 중 하나가 늦은 식사라는 생각이 들었다. 소화가 되지 않아 포만감이 있는 상태에서 잠자리에 들면, 소화되면서 나온 영양분들이 체내에 축적될 수도 있다고 생각했다. 이런 생각이 이론적으로 맞는지 아닌지는 중요하지 않았다. 당시에 내가 그렇게 생각했다는 뜻이다. 되도록 저녁 식사를 일찍 끝내고 에너지 대사가 충분히 이루어진 상태에서 잠자리에 들려고 했다. 최대한 7시 이전에 저녁 식사를 끝내되, 회사 일로 늦어져도 절대 8시를 넘지 않으려 했다. 마침 회사에서 스스로 시간을 관리할 수 있는 위치였기에 그것을 지키는 것은 그리 힘들지 않았다. 잠자리에 드는 시간도 바꿨다. 저녁 식사량이 줄어들었으므로 늦은 밤까지 깨어 있으면 허기를 느껴 간식거리를 찾을 것 같았다. 그래서 허기를 느끼지 않도록 11시쯤에는 잠자리에 들었다. 적게 먹는 대신 배고픔을 느끼지 않도록 뇌를 속인 것이다. 정리해 보면 다음과 같다.

체중을 줄이기 위해 내가 한 일

(1) 운동
- 수영 배우기(월요일부터 금요일까지 매일 아침 7시에 1시간씩 수영)

(2) 식사량 줄이기
- 아침: 주먹 크기의 토마토 하나, 점심: 양껏 충분히 먹기, 저녁: 정량의 1/3만 섭취

(3) 식습관 고치기
- 저녁 7시 이전에 식사하기(어쩔 수 없는 경우에도 8시를 넘지 않기)
- 저녁 식사 외에는 아무것도 먹지 않기
- 허기를 느끼지 않도록 밤 11시 이전에 잠자리에 들기

체중을 줄이기 위해 내가 한 일은 위의 세 가지가 전부다. 이 외에 약을 먹거나 다른 운동을 한 것은 없다. 아쉽게도 운동을 시작하고 처음 3개월 정도는 체중의 변화가 거의 없었다. 수영을 시작하면 처음에는 가장 바깥 레인에서 벽을 잡고 발차기하며 호흡법을 익힌다. 그러다 어느 정도 발차기가 된다 싶으면 레인을 편도로 가고 그다음에는 한 레인을 왕복하는 식으로 거리를 늘려가며 훈련한다. 그것도 익숙해지면 조금 더 안쪽 레인으로 옮겨 몇 바퀴씩 왕복하는 훈련을 하고 이후 배영이나 평영, 접영, 입영, 잠수, 다이빙 등 다양한 영법을 배우며 실력을 키운다. 기대와는 달리 처음 1주일 동안 벽을 붙잡고 발차기만 하는 과정은 재미가 없었고 너무나 지루했다. 수영을 시작하는 사람 중 상당수가 이 시기를 넘기지 못하고 그만두곤 한다.

당연히 발차기 외에는 하는 것이 없으니 체중에도 변화가 없었기에 매일 빠지지 않고 운동하는 게 쉽지 않았다. 운동 신경이 둔한 탓인지 아니면 물에 대한 공포 때문인지 나의 수영 실력은 좀처럼 나아지지 않았다. 남들은 1주일이면 끝내는 발차기를 2주 동안 해야 했다. 2주가 지나 킥보드 ^{킥판}를 잡고 하는 수영도 10m를 나가기가 쉽지 않았다. 25m 레인을 편도로 가는데 1주, 레인 하나를 왕복하는데 또 1주가 걸렸다. 그러다 보니 나보다 한 달 늦게 들어온 사람들이 나를 제치고 상급 레인으로 가는 모습을 지켜보고만 있어야 했다. 그렇게 기초반에 3개월 정도 머물렀는데, 지루하고 더딘 진도에 '수영이 나와 맞지 않는 것 같으니 그만둘까?' 하는 유혹도 많이 느꼈다. 그러나 이번 기회가 아니면 앞으로도 수영을 배우기 쉽지 않으리라는 생각이 들었고, 반드시 살을 빼겠다는 의지도 강했다. 그러기에 하는 데까지 해보자며 버티기로 했다.

시간이 조금 더 지나자, 그래도 몸이 물에 뜨고 앞으로 나갈 수도 있었다. 그러자 조금씩 수영에 재미가 붙기 시작했다. 물이라면 극도의 두려움을 느껴 수영장 물에도 들어가지 않던 나였건만, 물에 뜰 수 있다는 사실만으로도 쾌감과 흥미를 느끼기 시작한 것이다. 어설픈 자유형 단계를 지나 배영을 배우기 시작하자 자유형과는 다른 색다른 재미가 느껴지기 시작했고 그 단계부터는 '수영을 계속해야 하나?'라는 의문이 사라졌다. 즉, 자유형을 통해 작은 성취를 이루자 배영도 언젠가는 자유롭게 할 수 있으리라는 기대가 생겼고 그렇다면 수영을 그만둘 이유가 없다고 느끼게 된 것이다. 이후 평영과 접영 등 더욱 많은 영법을 배우며 재미와 흥미를 느끼고 비로소 수영을 좋아하기 시작했다. 이 시기에는 주말에도 동네 수영장을 찾아 강습받은 내용을 복습하며 스스로 수영 실력을 높이기 위해 노력할 정도였다.

　그렇게 4개월이 지나자, 눈에 띄는 변화가 나타나기 시작했다. 운동을 하면서 식사량을 줄이고 식사 습관을 바꾸니 살이 무섭게 빠지기 시작한 것이다. 놀랍게도 불과 6개월 만에 살이 16kg이나 빠졌고 허리 사이즈는 34에서 28까지 줄었다. 하루에 몸무게가 0.5kg이나 줄어든 날도 있었다. 그러자 그것 자체가 재미가 되었다. 자연스럽게 수영에 몰입하는 가속화 단계에 접어든 것이다. 그전까지만 해도 다른 사람들보다 진도가 훨씬 늦었기에 '수영이 나와 정말 맞나?' 하며 회의를 느꼈지만, 살이 쭉쭉 빠지는 모습을 보면서 짜릿한 희열을 맛보고는 하루 종일 다음날 수영을 할 기대에 차 지내게 되었다.

　평영이나 접영 등 난도가 높은 영법으로 가면서 에너지 소모량은 더욱 늘었고, 그에 따라 몸무게가 줄어드는 폭 또한 커졌다. 당연히 운동을 통해 희열을 느끼는 순간들도 잦아졌다. 나는 마라톤을 해본 경험이 없어 모르지만, 러닝을 하다가 고통이 극에 달하면 극도의 쾌감이 찾아오는 '러너스 하이 runner's high'가 있다고 한다. 아마 내가 몸무게를 재며 쾌감을 느끼던 순간이 바로 '러너스 하이'의 순간이 아니었을까 싶다. 너무나 빠르게 몸무게가 줄어들었고 오히려 6개월이 지나면서부터는 체중이 너무 줄어들어 더 이상 살을 빼면 안 되겠다고 느끼고 식사량을 늘렸을 정도였다. 그렇게 재미를 붙이기 시작하면서 수영은 나와 떼려야 뗄 수 없는 '최애 취미'가 되었다. 건강검진에서도 폐활량을 비롯하여 모든 지수가 최적의 상태를 나타내는 것을 보면서 더욱 운동에 대해 강한 동기를 부여받게 되었다.

종목에 따라 다르겠지만 일반적으로는 운동을 한다고 해서 살이 그렇게 빠르게 빠지지는 않는다. 특히나 수영은 찬물에서 하는 운동이기 때문에 한기를 막기 위해 체내에 지방을 많이 축적해 두려고 한다. 그래서 수영은 살을 빼는 데 적합한 운동이 아니라고 한다. 하지만 내 경우 워낙 물에 대한 공포가 심하다 보니 나도 모르게 몸에 과도하게 힘이 들어가 다른 사람들에 비해 훨씬 많은 칼로리를 소모한 듯했다. 수영장의 한쪽 끝은 깊이가 2.5m에 이르렀기에 2m가 안 되는 작은 키를 가진 나로서는 그곳에서도 익사가 충분히 가능했다.

수영장에서 익사하는 초유의 사태를 막기 위해 죽을힘을 다하다 보니 온몸에 힘이 들어갔고 심지어는 종아리에 쥐가 날 정도였다. 몇 달 동안 먹는 것에 비해 소모되는 에너지가 많아 복부에 축적된 지방이 빠른 속도로 소모되었다. 이전에도 몇 번 운동을 했지만, 효과를 보지 못했기에 처음에는 살을 빼는 것에 그리 큰 기대를 하지 않았다. 하지만 하루하루 체중을 잴 때마다 체중이 줄어드는 걸 눈으로 확인하니 운동하는 것이 즐겁게 느껴졌다. 이후 꾸준하게 수영을 했고 반드시 출근 전 혹은 퇴근 후에 운동하는 루틴을 지켜왔다. 쉬지 않고 25m 레인을 몇 바퀴나 돌 수 있는지 신기록을 세우기 위해 도전하기도 했다.

지금까지 얘기한 내용들은 내가 지속적인 운동으로 체중을 감량한 과정을 축약한 것이다. 처음에는 지루하고 재미없었지만 그 순간을 참고 지나면서 서서히 효과가 나타나기 시작했고 효과를 눈으로 확인하면서부터 스스로 운동을 즐기기 시작했다. 이처럼 모든 일에는 거쳐온 과정이 있게 마련이다. 단순하고 간단한 일이라면 이런 과정이 없을 수도 있지만, 대체로 어느 정도 노력이 필요한 일이라면 거쳐야 하는 단계가 있을 수밖에 없다.

그래서 마무리의 과정에서 두 번째 할 일은 자신이 한 일을 돌아보면서 어떤 과정을 거쳤고 각각의 단계에서 어떻게 대응했는지 정리하는 것이다. 나의 과정을 보면 '정체(고비) - 흥미(재미) - 몰입(가속화)'의 단계를 거쳤다고 할 수 있다. 정체 단계에서는 지루하고 재미가 없어 운동을 중단하고 싶은 마음이 들었고, 고비라고 여겼지만 살을 빼지 않으면 안 된다는 의지로 버텨냈다. 효과가 나타나기 시작하고 수영에 흥미를 느낀 단계에서는 빠르게 수영 실력을 높이기 위해 주말에도 수영을 연습하는 등 더욱 운동에 매진했다. 몰입 단계에서는 누가 시키지 않아도 스스로 수영을 찾아서 했고 더욱 높은 경지에 오르기 위해 노력했다.

일의 성격에 따라 이렇게 구분된 단계로 나누어지기도 하고, 그렇지 않기도 할 것이다. 굳이 작은 일까지 이런 과정을 정리할 필요는 없지만, 할 수 있다면 어떤 과정을 거쳤고 단계별로 어떤 변화가 일어났으며, 어떻게 대응했는지를 정리해 보는 것도 바람직하다. 그것을 살펴보면 다음에도 비슷한 과정을 거칠 수 있음을 알게 되고, 자신이 어떤 과정 안에 있는지를 자각하여 적절히 대응할 수 있기 때문이다. 시간이 오래 걸리거나, 돈이 들거나, 많은 노력을 요하는 경우, 예를 들어 자격증을 취득한다거나 어학을 공부하는 일 등은 초반에 고비가 찾아오게 마련이다. 새로운 일에 쉽게 적응하지 못해 정체 상태가 이어지고 그 안에서 지루함을 느끼기 쉽다. 뇌 안에서 그 일을 처리하기 위한 신경 회로가 형성되어야 하는데 초기에는 그 회로가 만들어지지 않으니 습관이 되지 않고, 그 일을 처리하는데 에너지가 많이 소모되므로 뇌가 거부하려고 하는 것이다.

나는 고등학교 시절에 독일어를 배웠다. 남성은 'der-des-dem-den', 여성은 'die-der-der-die', 중성은 'das-des-dem-das', 복수는 'die-der-den-die'로 변하는 정관

사는 가히 머리꼭지가 돌아버릴 정도로 어렵기만 했다. 아무리 외워도 돌아서면 잊어버리고, 시험을 봐도 점수가 오르지 않아 흥미를 느낄 수 없었다. 당연히 의무 과목이 아니었다면 애초에 포기하고 말았을 것이다. 모국어가 아닌 언어를 학습할 땐 이런 고비가 찾아온다. 마찬가지로 모든 일에 그런 고비가 있기 마련인데 이 고비를 넘기지 못하면 그 일은 실패로 끝날 수밖에 없다. 담배를 끊으려고 시도해 본 사람이라면 누구나 공감하겠지만, 초기에는 금단 현상이라는 고비가 반드시 찾아온다. 똥 마려운 강아지마냥 안절부절못하고 신경을 집중하기 어려워지며 입이 간질간질한 느낌도 든다. 이 단계를 넘지 못하면 금연은 실패로 돌아간다.

정체 단계, 고비 단계에서 그것을 어떻게 극복했는지 정리해 놓으면 다음 일에서도 그런 단계가 찾아왔을 때 상대적으로 수월하게 대응할 수 있다. 무작정 새로운 일을 대할 때보다 이런 원리를 알고 시작하면 견뎌낼 힘이 더욱 커지는 것이다. 더불어 그 단계를 벗어나기 위해서는 무엇을 어떻게 해야 하는지도 알게 된다. 따라서 완수한 일을 마무리하는 단계에서 두 번째로 할 일은 자신이 어떤 과정을 거쳤는지 정리해 보는 것이다.

그다음으로 정리해야 할 것은 일을 수행하는 과정에서 힘든 일은 무엇이었으며 그것을 어떻게 이겨냈는지 체계화

살을 빼기 위해 거쳐온 단계와 대처 방법

단계		현상	대처 방법
1단계	정체 (고비)	운동 진도가 더뎌서 흥미와 재미를 잃었고, 운동이 하기 싫어짐	체중을 감소할 마지막 기회라 여기고 굳은 의지로 버텨냄
2단계	흥미 (재미)	서투르지만 자유형을 하게 되고 물에 뜨게 되면서 재미를 느끼기 시작함	강습 이외에 개인적인 훈련을 통해 수영의 재미를 극대화함
3단계	몰입 (가속화)	다양한 영법을 배우고 체중 감소의 효과가 가시화되면서 동기부여와 의욕이 고조됨	성과를 내기 위하여 더욱 높은 목표를 설정하고 달성하기 위해 노력함

해 보는 것이다. 어떤 일을 하든 힘든 일들은 계속해서 닥쳐올 것이기에 그 노하우를 정리해 두면 앞으로 닥칠 일에 활용할 수도 있기 때문이다. 나의 경우 체중을 줄이는 과정에서 힘든 일들이 꽤 많이 있었다. 집이 있는 일산에서 역삼동까지의 거리가 제법 멀었기에 운동을 하러 가기 위해서는 이른 아침에 일어나야만 했다. 그것 자체가 쉽지 않았다. 운동이 시작되는 오전 7시에 맞추기 위해서는 늦어도 6시에는 집을 나서야 했다. 당시는 차로 출퇴근했으므로 그 시간에 집을 나서면 막히지 않고 40여 분 만에 수영장에 도착해 준비할 수 있었다. 하지만 잠의 유혹을 이겨내고 운동하러

가는 것은 이만저만 힘든 일이 아니었다. 늦게 잠드는 날도 있고 술자리를 하는 날도 있었으니, 하루도 빼놓지 않고 아침 6시에 일어나는 게 고역이었다. 그렇다고 침대에서 뭉그적거리고 '5분만'을 외치면 며칠 지나지 않아 운동을 포기할 게 뻔했다.

그 어려움을 이겨내기 위해 내가 선택한 방법은 두 가지였다. 첫 번째는 이성적으로 분석해 보는 것이었다. 일산에서 역삼까지 러시아워에는 출근에 2시간 정도의 시간이 소요된다. 9시 출근 시간에 늦지 않으려면 6시 40분 정도에는 집을 나서야 한다. 그런데 씻고 출근 준비를 하려면 적어도 30분은 걸렸다. 늦어도 6시 10분 정도에는 잠자리에서 일어나야 한다. 운동을 하기 위해 나서는 시간이 6시였으므로 운동을 거르고 잠을 조금 더 잔다고 해봐야 기껏 10분이었다. 겨우 10분을 더 자기 위해서 운동을 거르는 것보다는 10분을 덜 자더라도 바로 운동하러 나서는 게 여러모로 이득이었다. 운동을 하러 가기는 싫어도 막상 운동을 마치고 나오면 몸도 상쾌해지고 기분도 좋아지니 말이다.

어떤 날에는 '조금만 더…'를 중얼대다 일어날 골든타임을 놓쳐 서두른다고 해도 운동할 시간이 겨우 20분이나 30분밖에 남지 않은 경우도 있었다. 이럴 때에도 잠을 더 자는 것보다는 차라리 20분이라도 운동을 하는 게 낫다고 생각했다. 스스로 계속 그런 생각을 세뇌하며 하루라도 운동을 빠지지 않으려 했다.

아침잠의 유혹을 이겨내고 잠자리에서 일어나기 위해 택한 방법은 생각을 없애는 것이었다. 6시에 알람이 울리면 아무 생각도 하지 않고 바로 일어나서 차에 올랐다. 씻지도 않고 화장실도 가지 않은 채 무조건 일어나서 바로 차로 향했다. '씻어야지' 하고 생각하면 씻는 동안 '오늘은 쉴까?' 하는 유혹이 생길 수도 있다. 그러니 굳이 씻으려고 하지 않았다. 정 눈이 안 떠지면 찬물로 세수만 하고 집을 나섰다. 어차피 수영장에 가서 샤워할 테고 대중교통이 아니라 자차를 이용하니 가는 길에 누굴 만날 일도 없었기 때문이다. 장이 예민해서 통근 시간이 길었을 때에는 반드시 화장실에 들렀다가 출근했지만, 40분 정도만 가면 수영장에 도착할 수 있으니 굳이 화장실에 갈 필요도 없었다. 알람이 울리면 아무 생각도 하지 않고 바로 자리에서 일어나 차로 가는 것, 이게 내가 아침잠을 이겨내기 위해 선택한 두 번째 방법이었다.

알람이 울리자마자 자리에서 일어나 차로 간 건 큰 효과가 있었다. 베스트셀러 작가인 멜 로빈슨은 『5초의 법칙』이라는 책을 통해 무언가 할 일이 생겼을 때 5초 내로 실행하지 않으면 뇌가 핑계를 만들어 낸다고 주장했다. 뇌 안에는 게으름을 부추기는 원숭이가 존재하는데, 만일 5초가 넘도록 생각한 일을 실행하지 않으면 뇌 안의 원숭이가 주도권을 잡고 온갖 감언이설로 실행을 방해한다는 것이다. '오늘만 편히 쉬자. 딱 하루만이야. 내일부터 다시 열심히 하면 되잖아', '어차피 지금 일어나도 늦어. 20분 운동하자고 힘들게 가지 말고, 오늘은 포기하자'와 같은 핑계를 만들어 낸다. 원숭이가 주도권을 잡게 되면 결국 핑곗거리가 늘어나고 실행력은 크게 저하되어 할 일을 포기해 버린다.

그래서 멜 로빈스는 무언가 해야 할 일이 떠올랐을 때 크게 심호흡을 한 번 하고 5부터 거꾸로 세며 1이 끝나기 전에 몸을 움직이라고 한다. 그 짧은 시간 안에는 미처 원숭이가 정신을 차리지 못해 뇌가 핑곗거리를 만들지 못한다는 것이다. 나 역시 그의 말처럼 '일어나기 싫다' 혹은 '조금만 더 자고 싶다'라는 생각이 들기 전에 무조건 자리에서 일어나 집을 나섰다. 그러자 그 행동은 습관이 되었고 시간이 지나면서 아침에 집을 나서는 게 전혀 어렵지 않게 여겨졌다. 운동을 꾸준히 하는 데 있어 가장 큰 장애물이 될 수 있는 아침잠의 유혹을 말끔히 날려버린 것이다.

어려웠던 점은 또 있다. 다행히 복부에 축적된 지방이 많아서인지 아니면 수영하면서 물을 많이 먹어서 그런지 식사량이 줄어도 배는 고프지 않았다. 정확한 이유는 모르겠지만, 아무튼 식사량을 줄였음에도 허기를 크게 느끼지 않았던 게 꾸준한 식단 관리의 비결이었다. 어쩌면 운이 좋았던 것인지도 모른다. 하지만 한편으로는, 저녁 식사량이 크게 줄어들면서 늦은 밤이 되면 허기를 느낄 수밖에 없었다. 7시 전에 정량의 1/3만 먹으니 12시쯤 잠에 들면 6시간의 공백이 생기고, 허기를 느끼기에 충분했다. 그래서 내가 택한 방법은 잠자리에 드는 시간을 앞당기는 것이었다. 12시에 잠자리에 들던 것을 11시로 1시간 앞당김으로써 공백이 줄어들게끔 했다.

또 다른 어려움도 있었다. 당시만 해도 회사에 재직 중이었고 임원의 자리에 있었으므로 피할 수 없는 술자리가 있었다. 살을 뺀다는 이유로 술자리를 피하는 것은 주위 사람들에게 좋지 않은 인상을 줄 수 있으므로 가급적 자리에 빠지지는 않되 기름진 음식은 피하고 채소를 많이 먹는 것으로 문제를 해결했다. 정리해 보면 다음과 같다.

❖ 살을 빼는 과정에서 힘들었던 일과 그것을 극복한 방법

(1) 아침 일찍 잠자리에서 일어나 운동하러 나가는 것

- 이성적인 사고(잠을 못 이겨 더 잔다고 해도 겨우 10분 남짓을 더 잘 수 있을 뿐이니, 그보다는 운동하는 것이 훨씬 이득이라는

생각을 스스로에게 지속적으로 주입, 일종의 세뇌)

- 알람 소리에 눈을 뜨자마자 무조건 자리에서 일어나 집을 나서기(5초의 법칙 준수, 세수나 용변은 수영장에서 해결, 게으름 피우지 않는 생활 루틴을 셋업)

(2) 밤늦게 잠을 자는 것으로 인한 공복감

- 잠자리에 드는 시간을 1시간 앞당김으로써 공복감을 느끼지 않도록 함

(3) 술자리 참석으로 인한 기름진 음식의 섭취

- 기름진 음식을 줄이고 채소 섭취를 늘림

일을 하면서 거쳐온 단계와 대처 방법, 그리고 힘들었던 일과 극복 방안을 분석해 보면 일을 성공적으로 끝낼 수 있었던 핵심 성공 요인을 도출할 수 있다. 첫째, 운동에 진도가 안 나가면서 정체가 찾아오고 고비가 왔을 때 굴복하지 않고 넘길 수 있도록 의지를 다진 것. 둘째, 잠자리에서 일어나기 힘든 어려움을 극복하도록 스스로를 세뇌시키고 5초의 법칙으로 이겨낸 것. 셋째, 잘못된 습관으로 살이 찌지 않도록 예방한 것 등이 핵심 성공 요인이라고 할 수 있다.

✢ 핵심 성공 요인

(1) 운동의 진도가 나가지 않아 고비가 찾아왔을 때 포기하지 않도록 다진 굳은 의지
- 체중 감소라는 목적의 재확인

(2) 잠자리에서 일어나기 힘든 어려움을 극복할 수 있었던 나만의 요령
- 게으름으로 누릴 수 있는 실질적인 잠의 양이 많지 않음을 깨닫도록 스스로 독려
- 일어나자마자 아무 생각 없이 차로 이동함으로써 핑계를 원천 차단

(3) 잘못된 습관으로 인해 살이 찌지 않도록 예방
- 공복 상태로 깨어 있지 않도록 일찍 잠자리에 듦
- 술자리에서 기름진 음식 대신 채소 위주의 섭취

생각해 보면 어떤 일이든 고비는 찾아오고 그 안에서 힘든 일들이 있게 마련이다. 고비를 이겨내고 힘든 일들을 이겨낼 수 있어야 일을 성공적으로 완료할 수 있는데 이렇게 정리한 내용들이 쌓이게 되면 그 안에서 공통점을 찾을 수 있고 그것들은 다른 일을 할 때도 접목할 수 있다. 미리

마음의 대비를 하면서 힘든 일이 찾아왔을 때 '아, 고비가 왔구나. 이 고비를 넘기면 그다음엔 순탄해질 수 있겠구나'라고 생각하며 이겨낼 수도 있다.

비록 성공적으로 완료한 일이어도 그 안에 실수나 부족함이 남을 때가 있다. 지난 일을 돌아보면 불필요했거나 더 효율적으로 처리했으면 좋았을 부분이 드러나곤 한다. 이를 마무리 단계에서 짚어내면 좋다. 내가 운동과 식이요법을 통해 한 다이어트는 워낙 결과가 좋았다. 기대 이상의 성과에 만족스러움을 느꼈고 특별히 잘못해서 아쉬움을 느낄 만한 내용은 없었다.

하지만 예시 차원에서 굳이 언급하자면, 식단 구성이 다소 아쉬웠던 것 같다. 운동하는 동안 아침은 토마토로 때우곤 했는데 뒤늦게 알고 보니 토마토는 아침 식사로 적합하지 않은 음식 중 하나였다. 토마토에 들어 있는 타닌 성분이 산도를 높여 공복에 섭취할 경우 위궤양을 불러올 수 있다는 것이다. 게다가 펙틴 성분은 위산과 만나 용해되기 어려운 덩어리로 변해 소화불량이나 속쓰림 등의 증상을 유발할 수 있다고 한다. 그래서 가급적 아침 공복에는 토마토를 먹지 않는 것이 좋다고 한다. 다행히 내게 위장과 관련된 문제가 발생하지는 않았지만 조금 더 체계적이고 과학적으로 식단을 관리했다면 건강에도 더 도움이 되지 않았을까 싶다. 6개월이 지나면서는 지나치게 체중이 많이 빠져서 걱정이 되기도 했는데, 근육 형성에 도움이 되는 근력 운동이나 단백질 식단을 병행했으면 좋았겠다는 생각도 든다. 이런 반성들은 다음에 유사한 일을 수행할 때 참고할 수 있을 것이다.

⁂ 살을 빼는 과정에서 아쉬운 점
- 사전 지식 없이 주먹구구식으로 식단을 구성한 것
- 근육 형성에 도움이 되는 식단이 미흡했던 것

최종적인 목적은 살을 빼는 것이었지만 그 수단으로 운동을 선택했기 때문에 체중 감소라는 결과 외에 내가 얻는 것들이 있었다. 수영을 몸에 익힐 수 있게 된 것이다. 원하는 만큼 살을 뺀 이후에도 6~7년 동안은 새벽마다 수영을 쉬지 않고 꾸준히 했다. 처음에는 힘으로만 했지만, 시간이 지나면서 물을 가르는 요령이나 노하우가 쌓여 크게 힘들이지 않고서도 수영을 할 수 있게 되었다. 25m짜리 레인을 50바퀴 정도 왕복한 기록도 있으니 단순히 계산하면 2km가 넘는 먼 거리를 쉬지 않고 수영한 셈이다. 모든 영

법을 터득한 것은 당연하다. 수영을 배우기 전까지만 해도 물은 내게 공포의 대상이었지만 수영을 배우고 난 이후에는 강을 볼 때마다 수영으로 건너는 상상을 할 정도로 물에 대한 공포감이 줄어들었다. 그건 운동을 통해 얻은 성과라 할 수 있다.

전혀 생각하지 못했던 성과도 있다. 수영을 하면서 살이 16kg이나 빠지자, 내 몸은 군살 하나 없는 매끈한 몸매로 바뀌었다. 배가 불룩 튀어나와 흉하기 그지없던 몸이 탄탄한 몸으로 바뀌자 제일 먼저 찾아온 것이 자신감이었다. 흉하게 배가 나온 모습일 때는 그 모습을 사람들에게 보이기 싫어 뒷전으로 숨곤 했는데 군더더기 없는 늘씬한 몸매를 가지게 되자 자연스럽게 사람들 앞에 나서게 됐다. 특별한 내면의 변화가 없었는데도 외모가 바뀌자 내면의 자신감까지 솟구쳤다. 예전에는 뚱뚱한 몸매를 가리기 위해 펑퍼짐한 옷을 입었다면 운동을 해서 살이 빠진 이후에는 몸에 딱 달라붙는 슬림핏만 찾게 되었다. 살이 쪘을 때는 상상조차 못 한 핏의 옷을 입으니, 그것이 사람들의 자신감을 드러내는 표현임을 깨달았다.

외형의 변화만으로도 내면의 자존감이 높아진다는 사실을 깨달은 것은 운동이 준 뜻밖의 성과였다. 또 외모 때문에 사람들 앞에 서기 저어된다면 성형도 하나의 해결 방법이 될 수 있겠다는 깨달음 또한 성과라면 성과일 테다. 사소해 보이지만, 타인을 이해하는 측면에서 유의미한 깨달음이 될 수도 있다. 이것도 정리해 보면 다음과 같다.

✥ 체중을 줄이는 과정에서 얻은 것(운동을 시작하기 전과 달라진 것)
(1) 수영 스킬
- 자유형, 배영, 평영, 접영, 잠영 등 모든 영법

(2) 노하우
- 힘을 들이지 않고 쉽게 물살을 가르는 방법

(3) 성과
- 물에 대한 공포심 극복
- 어디에서든 수영을 통해 강을 건널 수 있다는 자신감
- 몸매의 외형적 변화로 인한 내면의 자신감 상승(사람들 앞에 당당히 나설 수 있는 자신감)
- 노출을 하거나 몸매를 드러내는 사람들의 심리에 대한 이해

마지막으로 살을 빼는 과정에서 얻는 교훈을 정리해 보자. 어느덧 15년이나 지난 일이지만, 이 일로 인해 터득한 나만의 노하우가 있다. 이건 의학적으로 검증되지도 않

았고 나 스스로 터득한 것일 뿐이니 이걸 보면서 맞다, 틀리다 논쟁할 필요는 없다. 사람에 따라서는 효과를 발휘할 수도 있고 그렇지 않을 수도 있다. 애초에 이 노하우는 누구에게 전파하려던 게 아니라 나 자신에게 접목하기 위한 것이니 과학적으로 딱 들어맞지 않아도 상관없다.

먼저, 살을 빼려면 다이어트나 운동 중 하나만 해서는 안 된다. 많은 사람이 체중 감량을 위해 운동에 집중하지만, 운동은 살을 빼는 방법이 아니라 건강을 유지하고 체중을 안정적으로 관리하기 위한 수단에 가깝다. 체중을 줄이려면 우선 칼로리 섭취량을 줄여야 한다. 내 경우에는 운동이 체중 감량의 결정적 계기가 된 것은 맞다. 물에 대한 두려움 때문에 전신에 힘이 들어가 남들보다 훨씬 많은 에너지를 소모했으니 말이다. 다만 일반적으로 수영은 체중 감량 효과가 크지 않은 운동으로 알려져 있다. 나는 단지 운이 좋았던 셈이다. 결국 살을 빼려면 운동과 식단 조절을 반드시 병행해야 한다. 물론 배드민턴이나 스쿼시처럼 격렬한 종목은 그 자체로도 체중 감소의 효과를 낼 수 있지만, 이런 격한 유산소 운동이 아니라면 운동만으로는 체중 감량이 어렵다는 점을 이야기하고 싶다.

살찌는 것을 방지하려면 절대 많이 먹어서는 안 된다. 특히나 사무직처럼 움직임이 부족한 일에 종사하는 사람들은 더더욱 그렇다. 만일 적게 먹는데도 살이 찐다면, 움직임에 비해 여전히 많은 음식을 섭취하고 있다는 뜻이다. 적게 먹고 살이 찌지 않는 상태에서 운동을 통해 그 상태를 유지하는 것이 바람직한 상황이라 할 수 있다. 나는 체중을 줄이는 동안 컨디션이 좋은 날을 골라 저녁 식사를 거르곤 했다. 식사를 하지 않으면 그만큼 몸무게가 줄어드는데 다음 날 아침에 수영하고 평소대로 적은 양의 식사를 유지하면 그 줄어든 몸무게를 그대로 유지할 수 있었다. 결국 식사량을 줄이고, 그로 인해 가벼워진 몸을 운동으로 유지한 것이 내가 체중을 줄인 비결이다. 어쩌면 요즘 유행하는 간헐적 단식을 한 것인지도 모른다. 아무튼 운동만 하거나 먹는 것만 줄여서는 체중이 쉽게 줄지 않는다. 이것이 내가 경험을 통해 얻은 감량의 노하우다.

두 번째는 분명한 동기부여 요인이 필요하다는 것이다. 운동 신경이 둔하고 물에 대한 공포가 심한 탓에 내 수영 실력은 늘 지지부진하기만 했다. 나보다 두 달, 세 달씩 늦게 들어온 사람들이 나를 제치고 상급반으로 올라가는 모습을 보면서 얼마나 비애를 느꼈는지 모른다. 둔한 운동 신경을 가진 스스로를 탓하기도 했고 수없이 그만두고 싶다는 유혹에 시달리기도 했다. 만일 세 달이 지나도록 상급반으로 올라가지 못하고 다른 영법을 배우지 못했다면 아마 수영을 포기했을지도 모르고, 살을 빼지 못한 채 여전히 배불뚝이로 살고 있을지도 모른다. 그러나 고비의 순간에 상급반으로 올라가게 되었고 새로운 영법들을 배우면서 수영에 대한 재미를 꾸준히 유지할 수 있었다. '이렇게 누워서도 수영을 할 수 있구나', '텔레비전에서 멋지게 접영하는 선수들을 봤는데, 나도 드디어 접영을 할 수 있게 되었구나' 하는 즐거움이 수영을 포기하지 않고 계속하도록 만들어 준 요인들이었다. 게다가 어느 순간부터 살이 빠지기 시작했는데 하루에도 몇백 그램씩 뱃살이 사라지는 모습을 보면서 희열을 느꼈다. 이것이 더욱 열심히 수영을 하게 만든 또 다른 요인이었다.

이런 점을 보면 일정한 보상이 동기를 자극하는 역할을 한다고도 말할 수 있다. 무언가를 꾹 참고 버티는 데에는 한계가 있다. 의지가 중요하다고 해도 정신력만으로 오래 버티기는 어렵다. 인내를 담당하는 뇌의 부위인 전두엽에서 발휘하는 인내력에도 한계가 있기 때문이다. 이 힘이 소진되면 그동안 어렵게 유지해 온 것들이 한순간에 무너져 내리곤 한다.

이럴 때 스스로에게 보상을 주면 한계점을 더 높일 수 있다. 동기부여가 일어나는 것이다. 내 경우에도 힘들고 지치는 순간마다 포기하지 않도록 만들어 준 요인들이 분명히 있었다. 상급반으로의 월반, 자유형에서 다른 영법으로의 전환, 오래 수영을 한 최상급반 사람들과의 혼합 훈련 등. 그래서 일을 할 때는 이런 것들을 미리 염두에 두고 시작하는 것도 필요하지 않을까 싶다. 예를 들어 어학 공부는 단기간에 끝나지 않는다. 그렇다면 그 과정에서 해당 국가를 잠시 여행하면서 현지 사람들과 대화하는 기회를 갖는 것도 좋은 보상이자 동기부여가 될 수 있다. 해외 여행이 어렵다면 해당 언어를 사용하는 외국인과 만날 기회를 가지고 지속적으로 대화를 나눔으로써 공부를 계속 해야 할 동기를 불어넣어 주는 것이 좋다. 자신이 가진 경제적인 능력과 시간 등 자산의 한계 안에서 적절히 이런 수단을 동원하는 것도 바람직하다고 생각한다. 무조건 의지만 다지지 않아야 한다.

초기에 나는 중급반으로 올라가서도 25m 레인을 한 바퀴씩만 돌고 휴식을 취하곤 했다. 도저히 연속으로 몇 바퀴씩 돌 자신이 없었다. 그때 내게 도움을 준 사람이 있다. 나보다 한 달 늦게 수영을 시작했지만 나보다 먼저 상급반으로 올라간 사람이었다. 한 바퀴만 돌고 휴식을 취하는 나를 지켜보다가, 그 사람이 어느 날 내게 이렇게 말했다. '꾹 참고 세 바퀴만 돌아보세요.' 그러면서 내가 한 바퀴를 돌고 레인 끝에서 휴식을 취하려고 하면 못 하게 말렸다. 그 사람

덕분에 난 어쩔 수 없이 세 바퀴를 쉬지 않고 돌아야만 했다. 그렇게 세 바퀴를 쉬지 않고 돌게 되자 5바퀴, 10바퀴도 끊김 없이 왕복할 수 있게 되었고 수영 실력이 더욱 좋아졌다. 비록 내가 의도했던 것은 아니지만 주변의 조언, 혹은 격려와 칭찬이 곁들여지면 일을 계속하는 데 도움이 되는 것 같다.

지금까지 한 이야기를 정리해 보자.

❖ 살을 빼는 과정에서 얻게 된 교훈

(1) 운동이나 식사량 조절은 두 가지가 병행되어야만 효과를 발휘할 수 있다. 어느 하나만으로는 충분히 효과가 나타나지 못한다.

(2) 계획한 일을 성공적으로 마치려면 분명한 동기부여 요인이 필요하다. 장기간 지루하게 노력만 해야 하는 일은 중간에 포기하기 쉬우므로 자체적으로라도 동기를 마련해 두는 편이 좋다. 일을 시작하기에 앞서, 그러한 장치를 미리 설계해 두는 것이 바람직하다.

(3) 주변 사람들에게 자신이 하는 일을 알리고 조언이나 충고, 혹은 격려와 칭찬 등을 부탁하는 것도 바람직하다.

다소 장황하게 느껴졌을지도 모르겠지만 나의 사례를 통해 성공적으로 완료된 일을 돌아보며 마무리하는 방법을 살펴보았다. 계획대로 완료한 일을 마무리하면서 승리한 바둑 대국에서 이긴 원인을 찾는 것처럼 자신의 성공 요인을 찾아볼 수 있다. 그것이 다른 일에도 보편적으로 적용될 수 있는지, 아니면 이번 경우에만 특별히 해당된 것인지 분석해 보고, 만일 보편적으로 적용될 수 있다고 하면 앞으로 하는 일들에도 그 요인들을 적용하도록 해야 한다.

지금까지의 내용을 종합적으로 정리해 보자.

✥ 일의 내용과 목적

(1) 일의 내용

- 체중 감량을 위한 운동과 식사 조절

(2) 일의 목적

- 표준 몸무게에 도달하도록 체중 감량
- 깊은 물에서도 생존 가능한 수영 실력 습득
- 운동을 통한 건강 유지

✥ 체중을 줄이기 위해 내가 한 일

(1) 운동

- 수영 배우기(월요일부터 금요일까지 매일 아침 7시에 1시간씩 수영)

(2) 식사량 줄이기

- 아침: 주먹 크기의 토마토 하나, 점심: 양껏 충분히 먹기, 저녁: 정량의 1/3만 섭취

(3) 식습관 고치기

- 저녁 7시 이전에 식사하기(어쩔 수 없는 경우에도 8시를 넘지 않기)
- 공복감을 느끼지 않도록 밤 11시 이전에 잠자리에 들기(야식을 먹지 않도록)

살을 빼기 위해 거쳐온 단계와 극복 방법

단계		현상	대처 방법
1단계	정체 (고비)	운동 진도가 더뎌서 흥미와 재미를 잃어 운동하기 싫어짐	체중을 감소할 마지막 기회라 여기고 굳은 의지로 버텨냄
2단계	흥미 (재미)	서투르지만 자유형을 하게 되고 물에 뜨게 되면서 재미를 느끼기 시작함	강습 이외에 개인적인 훈련을 통해 수영의 재미를 극대화함
3단계	몰입 (가속화)	다양한 영법을 배우고 체중 감소의 효과가 가시화되면서 동기부여와 의욕이 고조됨	성과를 내기 위하여 더욱 높은 목표를 설정하고 달성하기 위해 노력함

❖ 살을 빼는 과정에서 힘들었던 일과 그것을 극복한 방법

(1) 아침 일찍 잠자리에서 일어나 운동하러 나가는 것

- 이성적인 사고(잠을 못 이겨 더 잔다고 해도 겨우 10분 남짓을 더 잘 수 있을 뿐이니 그보다는 운동하는 것이 훨씬 이득이라는 생각을 지속적으로 함, 일종의 세뇌)
- 알람 소리에 눈을 뜨자마자 무조건 자리에서 일어나 집을 나서기(5초의 법칙 준수, 세수나 용변은 수영장에서 해결, 게으름 피우지 않는 생활 루틴을 셋업)

(2) 밤 늦게 잠을 자는 것으로 인한 공복감

- 잠자리에 드는 시간을 1시간 앞당김으로써 공복감을 느끼지 않도록 함

(3) 술자리 참석으로 인한 기름진 음식의 섭취

- 기름진 음식을 줄이고 채소 섭취를 늘림

❖ 핵심 성공 요인

(1) 운동의 진도가 나가지 않아 고비가 찾아왔을 때 포기하지 않도록 다진 굳은 의지

- 체중 감소라는 목적의 재확인

(2) 잠자리에서 일어나기 힘든 어려움을 극복할 수 있었던 나만의 요령

- 게으름으로 누릴 수 있는 실질적인 잠의 양이 많지 않음을 깨닫도록 스스로 독려
- 일어나자마자 아무 생각 없이 차로 이동함으로써 핑계를 원천 차단

(3) 잘못된 습관으로 인해 살이 찌지 않도록 예방
- 공복 상태로 깨어 있지 않도록 일찍 잠자리에 듦
- 술자리에서 기름진 음식 대신 채소 위주의 섭취

✥ 살을 빼는 과정에서 아쉬운 점
- 사전 지식 없이 주먹구구식으로 식단을 구성한 것
- 근육 형성에 도움이 되는 식단이 미흡했던 것

✥ 체중을 줄이는 과정에서 얻은 것(운동을 시작하기 전과 달라진 것)

(1) 수영 스킬
- 자유형, 배영, 평영, 접영, 잠영 등 모든 영법

(2) 노하우
- 힘을 들이지 않고 쉽게 물살을 가르는 방법

(3) 성과
- 물에 대한 공포심 극복
- 어디에서든 수영을 통해 강을 건널 수 있다는 자신감
- 몸매의 외형적 변화로 인한 내면의 자신감 상승(사람들 앞에

당당히 나설 수 있는 자신감)
- 노출을 하거나 몸매를 드러내는 사람들의 심리에 대한 이해

❖ 살을 빼는 과정에서 얻게 된 교훈

(1) 운동이나 식사량 조절은 두 가지가 병행되어야만 효과를 발휘할 수 있다. 어느 하나만으로는 충분히 효과가 나타나지 못한다.

(2) 계획한 일을 성공적으로 마치려면 분명한 동기부여 요인이 필요하다. 장기간 지루하게 노력만 해야 하는 일은 중간에 포기하기 쉬우므로 자체적으로라도 동기를 마련해 두는 편이 좋다. 일을 시작하기에 앞서, 그러한 장치를 미리 설계해 두는 것이 바람직하다.

(3) 주변 사람들에게 자신이 하는 일을 알리고 조언이나 충고, 혹은 격려와 칭찬 등을 부탁하는 것도 바람직하다.

완수한 일을
마무리 짓는 양식

지금까지 다룬 내용들을 비어 있는 양식으로 정리하면 다음과 같다. 이러한 양식을 하나 만들어 놓고 일이 성공적으로 끝났을 때 빈칸을 채우며 지난 일을 마무리하는 것이 습관이 되면 분명 시간이 지날수록 자신의 발전이 눈에 띄게 나타날 것이다.

✥ **일의 내용과 목적**

✥ **계획한 일을 완료하기 위해 했던 상세한 일들**

✥ 계획한 일을 완료하기 위해 거친 과정과 단계별 극복 방법

✥ 일을 하는 과정에서 힘들었던 것과 극복 방법

❖ 핵심 성공 요인

❖ 계획된 일을 실행하는 과정에서 잘못했거나 아쉬운 점

✣ 계획된 일을 실행하는 과정에서 얻은 것 (시작하기 전과 달라진 것)

✣ 전반적인 교훈이나 시사점

7장
중단된 일을
마무리하기

무언가 일을 시작하면 끝까지 완료하는 경우가 많을까, 아니면 끝까지 가지 못하고 중단되는 경우가 더 많을까? 직장의 업무처럼 의무적으로 해야 하는 일이 아니고 개인적인 일이라면 그 숫자를 쉽게 헤아리기 어려울 수 있다. 일생을 살면서 수없이 많은 성공과 실패를 반복하기 때문이다. 누구나 계획한 일을 완수하기도 하고 중단하기도 하지만 중단된 일을 어떻게 생각하고 받아들이냐에 따라 장기적인 관점에서 자신에게 도움이 될 수도 있고 그렇지 않을 수도 있다. 중간에 실패하거나 포기했다고 해서 외면하기보다는 중단된 일을 붙잡고 되돌아보면서 왜 그렇게 되었는지, 동일한 결과를 반복하지 않으려면 어떻게 해야 하는지 생각해 보는 습관을 들이기를 권하고 싶다. 그렇다면 중도에 일이 중단되는 상황은 점점 줄어들 것이다.

마무리하는
시점

계획한 일을 끝까지 이어 나가지 못하고 중단한 경우 그 내용을 꼼꼼하게 다시 들여다보기가 쉽지 않다. 아무리 작은 일이라고 해도 일을 마치지 못하고 중단하면 마음의 상처로 남을 수 있는데, 그 안에는 마음을 불편하게 만드는 요소들이 담겨 있기 때문이다. 그래서 대부분의 사람이 지난 일은 덮어버린 채 되도록 빨리 잊어버리려고 할 뿐, 그것을 되돌아보면서 그 안에서 배움을 찾으려고 하지는 않는다. 하지만 중단한 일을 잘 마무리할수록 미래에 보탬이 되는 교훈을 얻을 수 있고, 같은 유형의 실패를 거듭하지 않을 가능성도 커진다. 자칫 '미련'을 남기는 것처럼 보일 수도 있지만 마무리를 지음으로 인해서 오히려 깔끔하게 정리하지 못해 남는 미련을 없애버릴 수도 있다. 비록 마음이 쓰리고 편치 않을 수는 있겠지만 중단된 일이라고 해서 등 뒤로 숨기지 말고 당당하게 앞에 꺼내놓고 살펴볼 필요가 있다. 이 경우 앞에서 살펴본 완수한 일과는 마무리하는 방법이 달라야 한다.

완수한 일은 가급적 빠르게 마무리하는 것이 좋다고 했는데, 중단한 일 역시 끝을 인지한 시점으로부터 그리 멀지 않은 시기에 마무리하는 것이 바람직하다. 하지만 한 가지 차이가 있다. 성공적으로 완수한 일은 지나치게 흥분 상태가 아니라면 일이 끝나자마자 마무리를 하는 것이 좋지만, 중단한 일은 서둘러 마무리하는 것은 피하는 편이 낫다. 사람은 감정의 동물이다. 무언가 원하는 목표를 달성하지 못하고 중간에 일이 끝나버리면 좋은 감정을 느낄 수 없다. 스트레스 호르몬이 뇌를 점령하고 이성의 뇌인 전두엽이 사고의 주도권을 빼앗겨 제대로 된 생각을 할 수 없다. 어느 정도는 부정적인 감정이 가라앉기를 기다리는 것이 바람직하다. 특히나 일의 중단으로 인해 받는 충격이 클수록 더 그렇다.

사람들은 믿고 싶지 않은 사실을 처음부터 그대로 받아들이지 않는다. 처음에는 충격을 받고 화를 내며 거부하는 과정을 거친 후에야 비로소 수용하는 과정으로 진입한다. 예전 직장에서의 일이다. 미국에 신규 지사를 설립하며 부장급 직원 중 1명을 지사장으로 임명해 파견했다. 그러나 예상과 달리 신규 지사는 실적이 저조했고, 비즈니스 환경까지 변화하면서 설립 1년 만에 폐쇄되었다. 회사는 지사장에게 국내 복귀를 통보했다.

복귀 명령을 받은 그는 처음에는 말을 잇지 못할 만큼 놀랐다. 그리고 충격이 가신 뒤에는 화를 내기 시작했다. 미국 발령 이후 국내 주택을 정리했고, 가족과 함께 이주해 자녀들까지 현지 학교에 다니고 있었기에 단기간의 철수 결정에 강하게 반발한 것이다. 그는 회사의 발령 사항을 거부하고 법적 대응 가능성까지 언급하며 분노했다. 회사는 국내 복귀에 필요한 금전적인 지원을 포함해 최대한의 지원을 약속하며 설득에 나섰지만, 그는 모든 제안을 거절하며 버텼다. 그러나 이미 결정된 사항에 대해 인사팀의 대응은 강경했고, 시간이 지나면서 그도 복귀 거부가 자신에게 불리하게 작용할 수 있음을 인식하기 시작했다. 결국 그는 폐쇄 결정을 받아들이고 인사팀에 손실을 최소화할 방안을 요청하며 상황은 마무리되었다. 세부 내용은 오래되어 정확히 기억나지 않지만, 감정은 '놀람 → 분노 → 거부 → 수용 → 도움 요청'의 단계를 거치며 변화했다.

하던 일을 중단하는 것과는 그 경중이 다르므로 비교하기가 적절치 않을 수 있지만, 사람이 무엇이든 좋지 않은 일을 부정적인 감정으로 받아들였다가 시간이 지나면서 수용하는 감정으로 돌아선다는 걸 빗대어 설명해 보았다. 결혼을 염두에 두고 잘 사귀던 연인과 헤어졌다고 생각해 보자. 처음에는 충격을 받는다. 누구의 탓인지는 모르겠지만 화가 나고 헤어졌다는 사실을 받아들이기 어렵다. 그래서 분노와 거부가 반복되다가 시간이 어느 정도 지난 후에야 더 이상 만날 수 없다는 사실을 받아들이고 그 상황을 이겨내기 위해 애쓴다.

이처럼 하던 일이 실패나 포기로 중단되면 화가 나고, 인정하지 않으려는 마음이 앞서기 마련이다. 무시할 수 있을 정도로 작은 일이 아니고서는 말이다. 그 일을 다시는 거들떠보고 싶지 않다는 마음이 생기기도 하는데 이는 일종의 거부 단계라고 할 수 있다. 일이 중단되자마자 '아 실패구나. 어쩔 수 없지' 하고 수용하는 사람은 별로 없다. 그래서 중단된 일을 되돌아보며 마무리할 때는 어느 정도 분노와 거부의 감정이 가라앉을 때까지 기다리는 것이 바람직하다. 분노나 거부의 단계에서는 객관적이고 중립적인 관점에서 자신이 한 일을 냉정하게 분석하기가 쉽지 않기 때문이다.

뇌 안에는 생명 유지에 필수적인 부위, 각종 감정 표현을 담당하는 부위, 그리고 이성적인 사고를 담당하는 부위 등 여러 기능을 하는 영역들이 자리 잡고 있다. 그러나 뇌에 공급되는 에너지는 모든 부위에 고르게 사용되지 않는다. 가장 먼저 에너지가 공급되는 부위는 생명 유지에 필수적인 뇌간이라는 기관이다. 이곳에 에너지가 공급되지 않으면 생명이 위태로워지므로 가장 먼저 에너지가 공급된다. 두 번째로 에너지 공급의 우선순위를 쥐고 있는 곳은 감정의 뇌이다. 뇌는 생존과 번식이라는 동물적 본능에 충실하려는 성향을 보인다. 이성과 감정 중에서 생존에 더욱 유리한 것은 감정이다. 감정은 의식보다는 무의식을 따르기 때문에 더욱 신속한 판단을 내릴 수 있고 본능적으로 공포나 두려움의 대상에서 벗어날 수 있도록 만들어 준다. 그래서 감정의 뇌가 이성의 뇌보다 에너지를 우선적으로 사용하며 이성의 뇌는 제일 마지막에 에너지 공급을 받는다.

그런데 화가 나면 뇌는 화를 가라앉히기 위해 우선적으로 에너지를 사용한다. 감정의 뇌가 에너지를 가로채는 것이다. 건물에 불이 나면 모든 교통을 통제하고 불부터 끄는 것과 마찬가지다. 화가 나는 것은 뇌 안에서 불이 난 것과 다르지 않다. 일단 불부터 끄기 위해 모든 에너지가 동원되면 이성의 뇌에는 에너지 공급이 줄어들기에 이성적으로 사고할 역량이 떨어진다.

하던 일이 중단되어 더 이상 이어갈 수 없게 되면 누구나 화가 난다. 겉으로 드러내지 않더라도 마음속에서는 짜증이나 신경질 같은 감정이 올라온다. 자기 비하나 자괴감처럼 부정적인 감정이 뒤따르기도 한다. 일의 성격에 따라서는 자신을 쓸모없거나 무능력한 사람으로 매도하기도 한다. 이런 감정이 지배하는 상태에서는 이성을 담당하는 뇌에 에너지 공급이 줄어들어 객관적인 판단이 어려워진다. 이런 상황에서 일을 마무리하면 사실을 차분히 살피기 힘들고, 분석이 한쪽으로 치우치기 쉽다. 중단된 원인을 과도하게 자기 탓으로 돌리거나, 반대로 모두 외부 탓으로 돌리면서 정작 스스로의 문제를 보지 못할 가능성도 생긴다. 그래서 공평한 시각을 유지하려면 이러한 감정에서 벗어날 때까지 잠시 거리를 두는 편이 좋다.

그렇다고 해서 또 마냥 시간을 끄는 것도 좋지 못하다. 사람에 따라 분노의 시간이 예상보다 길어질 수도 있다. 그래서 그 시간이 지나기만을 마냥 기다리면 기억 속의 소중한 정보들이 흐려질 수도 있다. 부정의 감정은 긍정의 감정보다 지속 시간이 길다. 기분 좋은 감정을 느끼게 만들어 주는 도파민은 지속 시간이 5분 정도에 불과하지만 스트레스 호르몬인 코르티솔의 지속 시간은 2시간이 넘는다. 그러므로 완수한 일을 마무리하는 시점이 1주일을 넘지 않아야 한다면 중단된 일을 마무리하는 시점은 그것보다 길 수도 있다. 정확한 시점을 수치로 정해 '이 시점에는 마무리하는 것이 좋다'라고 말하기 어렵지만, 내면의 부정적인 감정이 어느 정도 가라앉고 평온하게 지난 일을 돌아볼 수 있을 때까지 충분한 시간을 갖는 편이 바람직하다.

마무리하는
방법

중단된 일은 어떤 것들에 중점을 두며 마무리해야 할까? 이것 역시 일의 내용과 목적을 되새겨 볼 필요가 있다. 이해를 돕기 위해 이 또한 구체적인 사례를 들어 정리하고자 한다. 내 지인 A의 사례. A는 문화예술 활동에 관심이 많고 공연 관람을 좋아한다. 연극을 비롯하여 뮤지컬이나 오페라, 발레, 미술 전시, 클래식 음악 등 장르를 가리지 않고 마음에 드는 공연이 있으면 찾아가 관람하곤 한다. 문화예술 분야에 쓰는 돈이나 시간도 제법 많다. 아쉽게도 문화예술은 개인의 취향이 뚜렷하게 반영되는 취미 활동이다. 내가 좋아하는 것을 가까운 사람들은 좋아하지 않을 수 있고, 내가 관람 가능한 일정에 가까운 사람의 일정을 못 맞출 수도 있다. 그러다 보면 가까운 사이라고 해도 보고 싶은 공연을 함께 보지 못하는 경우가 생기곤 한다. 어쩔 수 없이 혼자 공연장을 찾는 사람들도 많지만, 좋은 공연을 보고 가슴에 차오르는 감동을 함께 나누지 못하고 혼자 삭이기는 아쉬운 일이기도 하다. A 역시 그러한 면에서 갈증을 느끼고 있던 참이었다. 마음이 맞는 사람들과 문화예술 활동을 함께하고 싶었던 A는, 우연히 알게 된 앱을 통해 문화예술을 향유하는 취미 모임을 만들어 모임장이 되었다. 그가 모임을 만든 이유에는 문화예술을 통해 지적 허영심을 충족시키고자 하는 마음도 있었다.

A가 한 일의 내용이나 목적을 정리해 보면 다음과 같다.

❖ **일의 내용**
- 다양한 공연이나 전시를 관람하고 소감을 나눌 수 있는 문화예술 모임 운영

❖ **문화예술 모임을 만든 목적**
- 같은 취미를 가진 사람들이 모여 좋은 공연을 함께 감상

- 다른 사람들과의 의견 교환을 통해 다양한 관점의 감상평 수용(나와 다른 사람들의 의견 수렴)
- 좋은 공연을 보고 난 후의 감동을 서로 공유
- 꾸준한 문화예술 활동을 통해 문화적 지식과 교양 수준의 향상

완수한 일과 마찬가지로, 중단한 일도 자신이 해온 일들의 세부 항목들을 돌아보아야 한다. 성공적으로 완수한 일이라고 해서 모든 세부 활동이 완벽히 마무리된 것은 아니다. 마찬가지로 중간에 중단한 일이라도 추진했던 모든 일들이 중단된 것은 아니다. 또한 그 속에는 잘한 일도, 부족했던 부분도 있으며, 다음에 적용할 수 있는 경험이 있는가 하면 반복해서는 안 될 실수도 있다. 자신이 한 일을 세부적으로 쪼개서 들여다봐야 그 내용들을 파악하기 수월해진다.

A가 만든 문화예술 모임은 별다른 기대 없이 만들었음에도 예상 외로 잘 운영됐다. A와 비슷한 생각과 욕구를 가진 사람들이 이 모임을 알게 되었고, 자신들이 가진 갈증을 해소해 주는 모임이라는 걸 깨닫게 되자 자발적으로 모임에 참여했다. A의 권유로 나 역시 그 모임에 가입했다. 따로

홍보하지 않았음에도 불구하고 3개월 만에 인원이 60여 명으로 늘어날 정도로 호응이 좋았다. 적은 인원처럼 보이지만 그만하면 취미 활동을 하는 모임으로 이끌어 나가기에 충분한 규모였다. 연극을 비롯하여 해외 유명 화가들의 전시, 뮤지컬과 클래식 공연 등 다양하게 관람할 때마다 회원들의 호응이 뜨거웠고, 온라인 활동도 활발해 다른 사람들에게까지 소문이 자자할 정도였다.

이 모임을 운영하기 위해 A는 매달 네 차례에서 다섯 차례 정도 좋은 공연을 골라 관람할 수 있도록 했다. 진행 중이거나 진행 예정인 공연을 검색해 어떤 공연들이 있는지 확인한 후, 좋은 공연이라 여겨지는 것들을 선정했다. 회원들의 경제적 부담을 덜어주기 위해 정가보다 저렴하게 구매할 수 있는 할인권을 확보하는 데 많은 노력을 기울였다. 공연 관람이 끝난 후에는 뒤풀이 자리를 통해 회원들 간의 소통과 친목을 도모했다. 그런 A의 노력으로 모임의 분위기는 화기애애했다. 관련된 오프라인 모임 역시 직장인들을 위한 주말 모임과 직장인이 아닌 사람들을 위한 평일 모임 등 다양한 형태로 운영해 선택의 폭을 넓혔다. 온라인에서의 소통도 활성화될 수 있도록 A는 각종 정보나 음악 등을 공유하는 활동도 활발히 벌여 나갔다.

✣ 문화예술 모임을 활성화하기 위해서 한 일

(1) 오프라인 공연 관람 추진

- 매월 4~5회의 공연 관람
- 연극이나 뮤지컬, 미술 전시회, 클래식 음악회 등 다양한 장르에서 프로그램을 선정하고 미리 티켓을 구입해 저렴한 가격에 공연을 볼 수 있도록 모임 개최
- 평일 브런치 모임, 평일 퇴근 후 모임, 주말 모임 등 다양한 형태의 모임 운영으로 회원들이 고르게 참여할 기회 제공

(2) 오프라인 친목 모임 추진

- 월 1회 친목 모임 개최로 회원들 간의 소통 활성화
- 송년회와 나들이 등 친목을 증진할 수 있는 비정기적인 활동 개최

(3) 온라인 활성화

- 회원들이 온라인에서 글을 통해 소통할 수 있도록 독려
- 음악이나 좋은 정보 등의 제공으로 회원들의 관심 제고

A의 노력 덕분에 초기 6개월 정도는 모임이 꽤 성공적으로 운영되었다. 같은 앱의 이용자들 사이에서 입소문을 타며 끊임없이 사람들이 찾아오는 모임으로 발전해 나갔다.

이 모임은 무엇 덕분에 잘 되었을까? 모임을 찾아온 사람들은 공통적으로 좋은 공연이나 전시에 참여할 기회가 많은 것이 모임에 가입하게 된 이유라고 했다. 즉, 유명무실하게 어쩌다 한 번 활동하는 것이 아니라, 꾸준히 활발하게 운영되는 모임이었기에, '나도 여기에 참여하면 좋은 공연을 볼 기회가 생기겠다'라는 기대감이 있었다. 음식점을 고를 때 사람 없는 곳보다 붐비는 곳을 선택하듯, 모임도 활발할수록 사람이 모이기 마련이다. 훗날 사람들의 참여를 이끌어야 하는 모임을 운영할 기회가 생긴다면 이런 경험은 큰 도움이 될 것이다.

❖ 문화예술 모임을 하면서 잘한 것

- 다양한 방식으로 다양한 공연이나 전시를 관람할 기회를 제공함으로써 문화 활동을 하고 싶은 사람들의 욕구를 충족시켜 줌
- 꾸준한 문화예술 활동을 통해 온·오프 모임을 활성화

A가 만든 모임은 회원들의 호응을 얻으며 잘 운영되었음에도 6개월 만에 문을 닫고 말았다. 호사다마라는 말처

럼 시간이 지나면서 다양한 문제가 생겨났는데, 주로 사람들과 관련된 것들이었다. 대부분의 온라인 모임에는 가입 후에 어떤 활동도 하지 않는 '유령 회원'이 존재한다. A가 만든 문화 모임에도 가입만 한 채 온라인이나 오프라인에서 모습을 드러내지 않는 사람들이 많았다. 모든 회원이 활발하게 소통하고 활동하는 모임을 만들고 싶었던 A에게 그런 유령 회원들의 존재는 눈엣가시처럼 여겨졌다. 그들에 대한 A의 시선은 곱지 않았고 자주 온라인과 오프라인 모임에 참여하도록 독려할 수밖에 없었다.

A의 입장과는 달리, 보통 사람들은 누군가로부터 간섭받는 것을 꺼려하기 마련이다. 누구의 간섭도 받지 않고 원하는 시간에 원하는 일을 자유롭게 하려고 한다. 그러다 보니 자신이 자발적으로 찾아 들어온 모임인데도 온라인에 글을 올리거나 오프라인 모임에 참여하지 않으려는 사람들이 있다. 그들 나름의 이유는 있다. 바빠서 시간을 내기 어렵거나, 온라인에서 사람들과 소통하기 어렵거나, 문화예술에는 큰 관심이 없지만 여기저기 회원으로 가입한 탓에 관심을 쏟기 어렵기 때문이다. 이런 사람들은 온라인 활동이나 오프라인 공연 관람을 계속 독려하면 자신의 자유가 침해당한다고 여긴다. 편하게 자신이 원하는 활동을 하기 위해 모임을 찾았는데 왜 자꾸만 강요하냐는 것이 그들의 주

장이다. 그러나 다수가 모이는 모임에서 개인의 자유만을 내세울 수는 없다. 60명이 있는 모임에서 모두 자신은 모임에 끼고 싶지 않다고 하면 그 모임은 활성화될 수가 없고 찾아오는 사람들도 재미를 느낄 수 없다. 자신의 뜻과 달라도 공동체 구성원으로서 어느 정도는 정해진 룰을 따라야 한다.

오프라인 모임 역시 마찬가지다. 문화생활을 함께 하자는 취지로 만들어진 모임에서 눈치만 보고 채팅만 하면서 공연에는 일절 참여하지 않는 사람들만 있다면 절대 공연 모임은 이루어질 수 없다. 비록 자신은 내성적이고 낯선 사람들과의 모임을 어려워해도 그런 것을 이겨내고 모임에 참여해야 전체 모임도 원활하게 굴러갈 수 있다. 자신의 성격이 어떤지를 떠나서 자발적으로 찾아온 모임이라면 활동에 참여할 일종의 의무가 있다. 만일 그런 것들이 싫다면 불특정 다수가 모이는 온라인 모임에 가입하지 않아야 한다. 하지만 사람들은 그렇게 생각하지 않는다. 자기 필요로 모임에 가입했음에도 불구하고 오직 자기 편의만 내세울 뿐, 일정 부분을 양보해서 모임이 잘 굴러가도록 만들려고는 하지 않는다. 물론 회원들 중에는 적극적으로 참여하는 사람들도 존재했지만, 비협조적으로 나오는 사람들도 꽤 있었다.

시간이 지나면서 모임이 활성화되는 만큼 이기적으로

행동하는 사람들도 늘어났다. 그러자 A의 고민도 깊어지기 시작했다. 자신의 신념이나 가치관에 반하는 사람들을 그대로 두고 보기 어려웠다. 대부분의 온라인 모임은 가입 이후 활동이 없는 회원들을 운영자가 강제로 모임에서 내보내는 일명 '강퇴' 제도가 있다(강퇴는 '강제 퇴장'의 준말이다). 가입이 쉬운 온라인 모임의 특성상 여기저기 모임에 가입만 해놓고 활동하지 않는 유령 회원들이 많다 보니 모임을 활성화시키기 위한 방안으로 강퇴 제도를 이용하는 것이다. 활동이 없는 회원들을 아무리 독려해도 소용이 없자, A 역시 강퇴라는 수단을 통해 비협조적인 회원들을 솎아내곤 했다.

A는 이미 규칙을 명확히 공지해 두었지만, 강퇴된 사람들 중에는 그를 비난하거나 험담을 남기고 떠나는 경우가 적지 않았다. 규칙을 따르지 않아 제명되었음에도, 그 이유를 인정하지 못하고 오히려 A를 탓하며 떠난 것이다. '리더의 자질이 없다'라거나 '공산당' 운운하며 험담을 늘어놓는 사람도 있었다. 모임에 가입할 때는 열심히 활동하겠다고 스스로 약속했음에도 불구하고 자신에게 책임이 있음을 받아들이지 못한 채 A에게 비난을 쏟는 일이 빈번했다.

그러다 보니 모임 안에 예상치 못했던 갈등의 씨앗들이 뿌려졌다. 어쩌면 온라인에서의 이러한 갈등은 피할 수 없는 것인지도 모른다. 가입도 탈퇴도 너무 손쉬운 온라인 모임의 특성상 오프라인과 같은 끈끈한 정이나 신뢰는 기대하기 어렵기에 갈등은 내재해 있는지도 모르겠다. 하지만 그것을 이해하지 못하는 A는 모임 운영에 회의감을 느끼기 시작했다. 굳이 입에 담기도 힘든 비난이나 험담을 들으며 모임을 운영할 필요를 느끼지 못한 것이다.

한편으로는 A의 잘못도 있었다. 2주간 모임에 접속하지 않거나 2개월 동안 오프라인 공연 관람에 참여하지 않으면 모임에서 내보낼 수 있다는 기준을 정해 놓았음에도 불구하고 어떤 사람은 그 기준을 어겨도 눈 감아주고, 어떤 사람에게는 엄격한 잣대를 들이댔다. 팔이 안으로 굽는다고 A와 마음이 잘 맞는 사람에게는 관대하게 대했지만, 마음이 맞지 않는 사람에게는 엄격하게 대하는 등 다소 공정하지 못하게 대처했다.

결국 이러한 고무줄 잣대는 모임 내부에서 갈등을 증폭시키기도 했다. A의 우유부단함도 문제가 됐다. 간혹 모임 안에 이너 서클inner circle을 만드는 것을 좋아하는 사람들이 포함되곤 한다. 오프라인 모임에서 마음이 맞는 사람을 만나면, 별도로 소모임을 만드는 것이다. 사실 모임 안에서의 온라인·오프라인 활동만으로도 충분하지만, 일부는 굳이 비밀스러운 소모임을 만든다. 몇몇 사람만 초대한 카톡 단체방을 운영하며 자기들끼리만 대화를 나누고 따로 모임을 갖는다. 마치 '샵인샵'처럼 큰 모임 안에 또 다른 모임을 만드는 것이다. 이런 이너 서클은 어느 모임에나 생기기 마련이며, 생기고 나면 모체가 되는 모임은 영향을 받게 된다. 소수의 카톡 모임이 활발해질수록 본래 모임에서의 활동은 줄고, 자연히 관계도 느슨해진다.

이런 모임을 만드는 사람들은 주로 온라인에서 활발하게 활동하는 사람들이 많은데 이너 서클이 만들어지고 그곳으로 활동 무대가 옮겨감으로 인해 정작 원래 모임의 온라인 활동은 시들해지고 만다. 친한 사람들끼리만 어울리고 새로 가입한 회원들은 쉽사리 어울리지 못하는 벽이 생길 수 있다. 만에 하나 그 안에서 분란이 생기면 누군가가 모임을 나갈 수도 있고 그러면 전체 모임 운영에도 영향을 줄 수밖에 없다. 그래서 되도록 이런 모임은 지양하는 편이 좋은데, A가 운영하던 문화 모임에서 꽤 주도적으로 활동하던 회원이 이너 서클을 만드는 유형이었다. 그가 늘 누군가와 사적인 모임을 만드는 유형인 것을 뒤늦게 알았지만, A와 좋은 관계를 유지하고 있었기에 차마 인정상 싫은 소리를 할 수 없어 속으로만 끙끙 앓을 수밖에 없었다. 결국 그런 불공정한 태도도 A가 저지른 잘못 중 하나였다.

그게 끝이 아니다. 안타깝게도 A는 스스로가 모임에 너무 깊숙이 빠져들어 있었다. 모임을 만들고 문을 닫을 때까지 나를 포함하여 60명에 가까운 회원들이 있었음에도 불구하고 모임 운영과 관련된 모든 일을 A 혼자 처리했다. 공연을 찾아보고 할인 티켓을 구매하고, 모임 공지를 하고, 모임에 앞서 장소 안내나 뒤풀이를 개최하는 일, 뒤풀이를 정산하는 일, 공연에 대한 후기를 남기는 일 등을 모두 A 혼자서 도맡아 했다. 회원들 가입이나 관리, 정리까지 처리하다 보니 회원들과 직접 맞닥뜨리는 일이 많았고 서로 성향이 다른 경우에는 갈등이 생겨날 소지도 많았다.

60명이라는 인원이 얼마 안 되는 것 같지만 각자 의견을 내세우다 보면 감당하기 어려운 경우가 많다. A에게 여러 차례 운영진을 두고 모임 운영에서 한 발 물러서라고 권했지만, 그는 끝내 그 조언을 받아들이지 않았다. 만일 A가 다른 모임처럼 운영진을 두고 그들에게 필요한 일들을 맡겼다면, 사소한 일까지 직접 개입하는 일은 줄어들었을 것이고 원칙이나 규칙에서 벗어난다고 해서 불평을 듣는 일도 덜했을지 모른다. 완충지대를 따로 두지 않고 A가 모든 일을 맡아서 회원들과 직접 맞닥뜨리다 보니 분쟁이 피어날 소지가 더 많았던 듯싶다.

다소 길긴 하지만 지금까지 얘기한 내용들을 정리해 보면 잘못한 것이 무엇인지 알 수 있다. 이것은 곧 모임이 중단되게 된 핵심 원인이 될 수도 있다.

✥ **문화예술 모임을 운영하며 잘못한 것(중단 원인)**
- 온라인 모임에 참여하는 사람들의 특성 파악 미흡으로 인해 적절한 관리 요령이 없었음
- 상황에 따라 융통성 있게 대응하지 못하고 경직된 규칙 적용으로 불만이 야기됨
- 일관성 결여된 규칙 적용과 이너 서클에 대한 방치
- 권한 위임 미흡 등 전반적인 운영 스킬 부족

지금 우리는 수행했던 일, 특히 중단된 일을 마무리하는 과정에서 무엇이 잘못되었고 왜 멈추게 되었는지를 분석하고 있다. 분석의 주체가 바로 자신이기 때문에 결과 또한 자신의 사고 방식에 따라 달라진다. 결국 잘한 점이든 잘못된 점이든, 중단의 원인이든 모두 자신의 판단에 의해 규정된다는 뜻이다. A의 사례에서 잘했다고 생각하는 것과 잘못했다고 생각하는 것은 전적으로 A의 생각이다. 다른 사람이 보면 또 다른 생각을 가질 수 있다. 정답은 없다. 하지만 분명한 점은 잘한 부분과 부족한 부분, 특히 중단된 원인을 가능한 한 깊이 따져보아야 한다는 것이다. 얼마나 진지하게 고민하고 근본 원인을 찾으려 하느냐에 따라 이후에 같

은 실패를 막을 수 있느냐 없느냐가 달라진다. 중단의 이유를 외부 요인이나 불가피한 상황으로만 돌리고 스스로의 잘못을 찾아내지 못한다면, 앞으로도 같은 실수를 반복할 가능성이 있다. 예를 들어 A가 모임이 중단된 원인을 '간섭받지 않고 편리함과 즐거움만 따르려는 회원들의 이기주의'라고 생각한다면 같은 실패를 막을 방법은 온라인 모임을 운영하지 않는 것밖에 없다. 그렇게 해서는 중단된 일을 마무리하는 의미가 없고 미래의 발전도 없다. 스스로 자신의 모습을 돌아보고 향후 더 발전할 수 있는 측면에서 원인을 찾으려고 노력해야 한다.

이제 중단 원인을 찾았다면 다음 단계를 생각해 보자. A가 다시 온라인 모임을 만들지는 알 수 없지만, 만약 비슷한 모임을 운영한다면 어떻게 해야 실패를 막을 수 있을까? 무엇보다 사고의 전환이 필요할 듯싶다. 자유에는 의무와 책임이 따라야 하기에 모든 사람들이 모임의 규칙에도 따라야 하는 것이 맞지만 그런 원칙을 너무 엄격하게 적용하면 A가 겪은 것처럼 갈등이 생길 수밖에 없다. 실제로 몇 달 동안 오프라인 모임에는 전혀 참여하지 않았지만, 온라인에서 활발히 활동하며 분위기를 이끈 사람도 있다. 반대로 온라인에서는 조용하지만, 오프라인 공연 모임에서 활발히 참여한 사람도 있었다. 이런 사람들에게까지 '두 달 동안 오프라인에 참여하지 않았으니 강퇴', '온라인 활동이 없으니 강퇴'처럼 규칙을 엄격히 적용하면, 남아 있는 사람이 많지 않을 것이다.

    모임이 잘 운영되려면 원칙이나 규칙만 있어서는 안 된다. 좋은 모임이 되려면 가급적 원칙이나 규칙 같은 것은 없는 편이 좋다. 사람들이 편안함을 느끼고 그 안에서 힐링할 수 있고 위로를 느낄 수 있는 모임이 좋다. 원칙이나 규칙을 내세우면서 지나치게 까다롭게 굴면 사람들의 마음이 떠나갈 수 있다. 원칙은 세워놓되 반드시 그 규칙에 따르지 않고 유연하고 융통성 있게 대처하는 자세가 필요하다. 혹자는 '그러면 무엇 때문에 규칙을 만드냐?' 하고 반문할 수 있지만 공공의 성격을 가진 것도 아니고 수익을 창출하는 집단도 아닌, 취미 생활을 하기 위해 만든 모임에서 지나치게 엄격한 규칙을 적용함으로써 서로 마음의 상처를 받을 필요는 없을 듯싶다.

    유사하지만 목적이 문화예술이라고 해서 지나치게 목적만 강조하는 것도 바람직하지는 않다. 비록 모임의 목적은 문화예술 활동을 함께 하는 것이지만 문화예술 활동이 즐거우려면 서로 간의 친목도 중요하다. 서로 소통하고 우호적인 감정이 조성되고 그것이 바탕이 될 때 문화예술 모임도 즐겁게 느껴질 수 있는 것이지 회원들 간의 화합 없이 문화예술 활동만 한다고 하면 아무리 질 좋은 공연을 관람한다 해도 그 모임에 즐겁게 참여할 사람은 없을 것이다. 그러므로 모임의 취지에서 약간 어긋나더라도 조금 더 열린 마음으로 유연하게 상황을 이해하는 마음이 필요한 듯싶다. 그래서 같은 실패를 막기 위한 첫 번째 요령은 사고를 유연하게 전환하는 것이다.

두 번째는 첫 번째와는 다소 상반되는 것처럼 여겨질 수 있지만, '팔이 안으로 굽는' 것과 달리 모든 사람에게 모든 규칙을 동일하게 적용하는 것이다. 즉, 공정성이라고 할 수 있다. 어떤 사람은 세 달이 지나도록 오프라인 모임에 나오지 않음에도 불구하고 봐주다가, 어떤 사람은 두 달을 채우자마자 오프라인 공연에 나오지 않았다는 이유로 내보내면 형평성에 문제가 생긴다. 누군가를 모임에서 내보내면 그걸 지켜보는 사람들은 따로 말하지 않더라도 속으로 불만을 가질 수 있다. '왜 누구는 봐주고 누구는 칼같이 대하는 거야?'라는 생각이 들면 그런 것들이 단초가 되어 모임에 부정적인 생각을 가진 사람들이 나타나게 되고 좋지 못한 영향을 미칠 수도 있다. 이너 서클 같은 경우에도 절대 뿌리내리지 못하도록 해야 한다. 양보하고 느슨하게 적용해야 할 원칙들은 그렇게 적용하되 모임 자체를 망칠 가능성이 있는 행위에는 아주 엄격한 원칙을 적용해야 한다. 대상과 상황에 따라 유연함과 엄격함을 구분해 적용하는 것이 향후 같은 실패를 막을 수 있는 두 번째 요령이다.

같은 실패를 방지하기 위해 마지막으로 생각해야 할 것은 권한을 분산하고 리더가 직접 모임에 개입하는 것을 최소화하는 것이다. 모든 것을 스스로 처리해야 한다는 생각, 다른 사람에게는 일을 맡기지 못하는 성격을 고쳐야 하는데 이건 사실 쉽지 않은 일이다. A는 모든 것을 직접 해야만 만족하는 성격인데, 머리로는 바뀌어야 한다는 걸 알지만, 실제로 실천하기는 어려웠다. 즉, 아는 것과 실천은 별개다. 다른 사람에게 일을 맡기면 미덥지 않거나 결과가 만족스럽지 못하므로 실천하기가 쉽지 않은 것이다.

실패의 원인과 재발 방지를 고민하다 보면 이렇게 '알면서도 행동하지 못하는' 부분이 드러나기 마련이다. 만일 아는 것을 실천할 수 있다면 같은 이유로 실패하는 것을 막을 수 있지만, 그렇지 못하면 같은 이유로 다시 실패할 가능성이 크다. 그러니 같은 실패를 되풀이하고 싶지 않다면 비록 어렵더라도 실천하려는 노력이 필요하다. A의 경우 다른 사람들을 믿고 과감하게 일을 맡긴 후 모임 운영에서 한 발 물러나는 게 좋은 방법이다.

이제 같은 실패를 되풀이하지 않기 위한 요령들을 정리해 보자.

✥ 향후 같은 실패를 막기 위해서는 어떻게 해야 하나?

(1) 유연한 사고와 융통성 있는 운영

- 규칙에만 얽매이지 말고 유연하게 상황에 따라 탄력적으로 운영하기
- 친목이나 문화 활동에 대해 조금 더 유연한 사고(문화예술 모임이긴 하지만 친목 측면에서 분위기를 밝게 끌어나갈 사람도 필요하므로 지나치게 목적만 강조해서는 안 됨)

(2) 모임에 해가 되는 행동들에는 단호하고 공정한 원칙 적용

- 선호도에 따라 차별적으로 규칙을 적용하는 것이 아니라 누구에게나 동일한 규칙을 적용하려는 공정성
- 이너 서클과 같은 모임에 해로운 행위에 대해서는 단호한 조치

(3) 권한의 분산과 위임

- 운영진의 임명으로 권한을 나누어주고 혼자 하는 일을 최소로 줄임
- 가급적 회원들에게 일일이 간섭하거나 참견하지 않기

A의 사례는 특별한 경우일 수 있고, 사람마다 계획한 일의 상황과 목표가 다를 것이다. 그러나 이 사례를 통해

'일을 이렇게 마무리해야 한다'는 점을 참고했으면 한다. 일을 정리하며 마무리하는 것과, 그냥 덮고 넘어가는 것 사이에는 큰 차이가 있다. 이렇게 정리하면 중단의 원인을 막연히 운이나 외부 요인 탓으로 돌리지 않게 된다. 지난 일을 돌아보면 냉정하고 객관적인 시각을 가질 수 있고, 같은 실수를 방지하기 위한 방법도 찾게 된다. 그 깨달음이 머릿속에 남아 있으면, 다음에 비슷한 일을 할 때 자연스레 떠올라 하나의 기준점이 된다. 강력한 참고서가 되는 셈이다. 아무것도 없이 맨바닥에서 시작하는 것에 비해 훨씬 좋은 결과를 얻을 수 있다.

비록 실패로 끝나기는 했지만, A가 문화예술 모임을 운영하면서 얻은 것들도 있다. 정리해 보면 다음과 같다.

❖ 문화예술 모임을 만들어서 얻은 성과

(1) 경험

- 다양한 장르의 경험을 통한 문화예술에 대한 이해 수준 향상
- 온라인 모임에 참여하는 사람들의 다양한 성향에 대한 이해

(2) 스킬이나 노하우

- 문화예술 모임 운영에 대한 노하우(할인 티켓을 구입할 수 있는 방법, 개인에게 판매되는 티켓의 수가 제한된 경우 추가 티켓

을 확보하는 방법, 회원들의 참여를 독려하는 방법, 소통을 활성화하는 방법 등)

(3) 성과

- 새로운 모임 개설에 대한 자신감

A는 모임을 통해 얻은 교훈도 있다고 말한다. 모임을 직접 만들어 운영하기 전에는 경험이 없이 간접적으로만 알고 있었던 것을 실천적으로 깨닫게 된 것이다.

✥ 문화예술 모임 운영의 실패를 통해 얻은 교훈

- 사람들은 자신의 자유에 대해서는 관심이 많아 간섭이나 참견, 제재 등을 싫어하고, 모임의 일원으로써 지켜야 할 의무나 책임에 대해서는 강요받고 싶어 하지 않아 함
- 이런 특성을 염두에 두고 상황에 따라 유연성을 발휘할 줄 알아야 함

지금까지 이야기한 것들을 종합적으로 정리해 보자.

❖ 일의 내용과 목적

(1) 일의 내용

- 다양한 공연이나 전시를 관람하고 소감을 나눌 수 있는 문화예술 모임 운영

(2) 문화예술 모임을 만든 목적

- 같은 취미를 가진 사람들이 모여 좋은 공연을 함께 감상
- 다른 사람들과의 의견 교환을 통해 다양한 관점의 감상평 수용(나와 다른 사람들의 의견 수렴)
- 좋은 공연을 보고 난 후의 감동을 서로 공유
- 꾸준한 문화예술 활동을 통해 문화적 지식과 교양 수준의 향상

❖ 문화예술 모임을 활성화하기 위해서 한 일

(1) 오프라인 공연 관람 추진

- 매월 4~5회의 공연 관람
- 연극이나 뮤지컬, 미술 전시회, 클래식 음악회 등 다양한 장르에서 프로그램을 선정하고 미리 티켓을 구입해 저렴한 가격에 공연을 볼 수 있도록 모임 개최
- 평일 브런치 모임, 평일 퇴근 후 모임, 주말 모임 등 다양한 형태의 모임 운영으로 많은 회원이 고르게 참여할 기회 제공

(2) 오프라인 친목 모임 추진
- 월 1회 친목 모임 개최로 회원들 간의 소통 활성화
- 송년회와 나들이 등 친목을 증진할 수 있는 비정기적인 활동 개최

(3) 온라인 활성화
- 회원들이 온라인에서 글을 통해 소통할 수 있도록 독려
- 음악이나 좋은 정보 등의 제공으로 회원들의 관심 제고

❖ 문화예술 모임을 하면서 잘한 것
- 다양한 방식으로 다양한 공연이나 전시를 관람할 기회를 제공함으로써 문화 활동을 하고 싶은 사람들의 욕구를 충족시켜 줌
- 꾸준한 문화예술 활동을 통해 온·오프 모임을 활성화

❖ 문화예술 모임을 운영하며 잘못한 것(중단 원인)
- 온라인 모임에 참여하는 사람들의 특성 파악 미흡으로 인해 적절한 관리 요령이 없었음
- 상황에 따라 융통성 있게 대응하지 못하고 경직된 규칙 적용으로 불만이 야기됨
- 일관성 결여된 규칙 적용과 이너 서클에 대한 방치
- 권한 위임 미흡 등 전반적인 운영 스킬 부족

문화예술 모임이 중단되게 된 원인

- 잘못한 일과 동일

향후 같은 실패를 막기 위해서는 어떻게 해야 하나?

(1) 유연한 사고와 융통성 있는 운영

- 규칙에만 얽매이지 말고 유연하게 상황에 따라 탄력적으로 운영하기
- 친목이나 예술 활동에 대해 조금 더 유연한 사고(문화예술 모임이긴 하지만 친목 측면에서 분위기를 밝게 끌어나갈 사람도 필요하므로 지나치게 목적만 강조해서는 안 됨)

(2) 모임에 해가 되는 행동들에는 단호하고 공정한 원칙 적용

- 선호도에 따라 차별적으로 규칙을 적용하는 것이 아니라 누구에게나 동일한 규칙을 적용하려는 공정성
- 이너 서클과 같은 모임에 해로운 행위에 대해서는 단호한 조치

(3) 권한의 분산과 위임

- 운영진의 임명으로 권한을 나누어주고 혼자 하는 일을 최소로 줄임
- 가급적 회원들에게 일일이 간섭하거나 참견하지 않기

문화예술 모임을 만들어서 얻은 것들

(1) 경험
- 다양한 장르의 경험을 통한 문화예술에 대한 이해 수준 향상

(2) 스킬이나 노하우
- 문화예술 모임 운영에 대한 노하우(할인 티켓을 구입할 수 있는 방법, 개인에게 판매되는 티켓의 수가 제한된 경우 추가 티켓을 확보하는 방법, 회원들의 참여를 독려하는 방법, 소통을 활성화하는 방법 등)

(3) 성과
- 새로운 모임 개설에 대한 자신감

문화예술 모임 운영의 실패를 통해 얻은 교훈

- 사람들은 자신의 자유에 대해서는 관심이 많아 간섭이나 참견, 제재 등을 싫어하고, 모임의 일원으로써 지켜야 할 의무나 책임에 대해서는 강요받고 싶어 하지 않아 함
- 이런 특성을 염두에 두고 상황에 따라 유연성을 발휘할 줄 알아야 함

중단된 일을
마무리 짓는 양식

중간에 실패한 일을 마무리하는 것도 양식을 만들어서 필요할 때 꺼내 쓰면 좋다.

✣ 일의 내용과 목적

✥ 일을 중단할 때까지 한 일

✥ 잘한 것

잘못한 것

중단 원인(잘못한 것과 다를 경우에만)

✥ **미래에 같은 실패를 막기 위한 방안**

✥ **일을 추진하면서 얻은 것들**

✥ 일을 통해 얻은 교훈

8장
유야무야된 일을
마무리하기

계획한 일을 끝까지 완수하거나 중간에 중단하는 경우도 있지만 간혹 일을 계속하는 건지 그만둔 건지 애매한 상태로 남는 일들이 생기곤 한다. 이런 일들의 특징 중 하나는 속으로 '아직 끝나지 않았어' 혹은 '계속할 거야'라고 생각하며 스스로 끝나지 않았다고 여긴다는 점이다.

예를 들어, 1년짜리 운동권을 끊으면 한 달 정도는 열심히 다니다가 두 달째부터 서서히 느슨해지며 가기 싫다는 생각이 든다. 억지로 몇 번 더 다니다가 세 달째쯤 되면 빠지는 날이 더 많아지고, 결국 어느 순간 완전히 발길이 끊긴다. 이런 경험은 누구나 한 번쯤 해봤을 것이다. 많은 사람은 이런 상황을 두고 '언제든 다시 시작할 수 있다'고 생각하며 스스로를 위로한다. 끝났다고 인정하면 마음이 불편해지지만, 끝나지 않았다고 생각하면 계속할 여지가 남아 있기 때문이다. 그래서 실제로는 더 진행될 가능성이 거의 없는데도, 불편함을 피하려고 일을 확실히 마무리하지 않고 흐지부지 잊히도록 내버려 두는 경향이 있다. 이런 이유로 중간에 흐지부지 끝난 일은 마무리하기가 가장 어렵다.

마무리하는 시점

하는 건지 마는 건지 알 수 없이 지지부진한 일은 정리하는 편이 낫다. 앞서 말한 자이가르닉 효과에 따르면, 이런 일이야말로 두뇌를 가장 괴롭히는 유형이기 때문이다. 일정한 주기 이상으로 일이 진행되지 않는다면 더 이상 진전될 가능성이 없다고 여기고 마무리하는 것이 바람직하다. 다만 가장 어려운 것이 마무리 시점을 잡는 것이다.

앞서 예로 든 것처럼 연간 이용권을 끊어 놓고 가는 날보다 가지 않는 날이 많더라도, 행위가 완전히 멈추지 않고 이어지고 있다면 그 일을 끝났다고 단정할 수는 없다. 한 달에 한 번이라도 가고 있다면, 그건 아직 끝난 일이 아니기 때문이다. 그렇다고 해서 마냥 두고 볼 수도 없다. 그 일을 통해 무언가를 성취하거나, 그로 인해 변화가 있을 것이라는 기대를 갖기 어렵기 때문이다. 이런 일은 끝이 났다고 하기에도 그렇고 진행 중이라고 하기에도 애매모호하지만 더 이상 진행되는 것도 없고 앞으로도 진행될 가능성이 없다고 하면 마무리하는 것이 바람직하다.

계획한 목표에 도달하지 못하고 유야무야된 일은 언제 마무리 짓는 것이 좋을까? 무언가를 주기적으로 하다가 그만둔 경우, 그 반복 주기가 일정 횟수 이상 누락되고 더 이상 그 일을 계속할 의지가 없다면 마무리하는 편이 낫다. 상황이 워낙 다양하고 일의 성격도 천차만별이어서 일정 횟수가 얼마인지를 일률적으로 정하기는 어렵다. 그것은 상황에 따라 달라질 수 있고, 무엇보다 자신의 의지가 중요하다. 만일 매일 하던 일이 2주 정도 중단되거나 매주 하던 일이 3~4주, 즉 한 달 정도 중단된다면 그건 일이 계속될 수 있을지를 의심해 보아야 한다. 사람들은 자기가 하던 일이 흐지부지 중단된 상황에서도 그것이 끝났다고 생각하고 싶어 하지 않는 경향이 있다. 그래서 이미 계속되기 어려운 일도 마치 끝나지 않은 것처럼 여기는 자신의 마음에 속아 넘어갈 수 있다. 마치 언제라도 다시 시작할 준비가 되어 있는 것처럼 말이다. 하지만 냉정하게 생각해 보면 그런 일이 다시 시작될 가능성은 그리 크지 않다.

그러므로 반복 주기뿐 아니라 그 일을 계속할 의지가 있는지도 냉철하게 생각해 봐야 한다. 일정 횟수 이상 일을 진행하지 못했더라도 여전히 그 일을 계속할 의지가 있다면 서둘러 마무리할 필요는 없다. 매일 잠자리에 들기 전에 감사 일기를 쓰기로 했다고 해보자. 두 달 동안 하루도 빼놓지 않고 감사 일기를 썼는데 언제부터인가 감사 일기 쓰는 것을 빼먹기 시작했고 그것이 2주 정도 이어졌다면 그 시점에 한 번 생각해 볼 필요가 있다. '앞으로도 감사 일기를 계속 쓰고 싶은가?'라는 질문에 선뜻 '그렇다'고 대답하지 못한다면, 더 이상 감사 일기를 쓸 마음이 없는 것으로 생각할 수 있다. 이미 날마다 일기를 쓰는 습관 회로가 뇌 안에서 지워질 만큼의 시간이 지난 데다 의지도 없기 때문에 일기 쓰기를 계속할 가능성은 높지 않다.

반면 바빠서 잊었거나 어쩔 수 없는 사정으로 감사 일기를 쓰지 못했지만, 앞으로 계속 쓰고 싶은 마음이 남아 있다면 굳이 마무리 짓지 않고 조금 더 기다려 보는 편이 낫다. 하지만 더 이상 감사 일기를 쓰는 것이 무의미하게 느껴지고 마음이 내키지 않거나 의미가 없어서 쓰고 싶지 않다면 그건 미루지 않고 마무리 하는 것이 좋다. 시간을 더 갖는다고 해서 달라질 것이 없으므로 말이다.

결국 일정 횟수 이상 동일한 행동이 반복적으로 누락되고, 마음속에서 그것을 계속하려는 의지가 크지 않다면 그 일은 끝난 것으로 보고 마무리하는 것이 바람직하다. 미루면 미룰수록 미래에 도움이 될 만한 기억이 사라지고, 그 안에서 교훈을 얻을 가능성도 낮아지므로 시기를 놓치지 않는 것이 중요하다.

마무리하는
방법

유야무야된 일 역시 무엇을 했는지 정리하는 것부터 시작해야 한다. 세부 항목을 살펴보며 해 온 일을 다시 점검하고, 그 일이 특별한 이유 없이 중단될 수밖에 없었던 원인을 찾아 같은 일이 반복되지 않도록 교훈을 얻는 과정이 필요하다. 이 책을 시작하면서 언급했던 사례, 뇌과학을 주제로 한 유튜브 채널을 운영하던 일로 이 장의 예시를 만들어 보자.

유튜브를 시작한 이유에는 여러 가지가 있다. 우선 가장 큰 이유는 아직 뇌과학을 어렵게 느끼는 일반인들에게 이 전문 분야를 좀 더 가깝게 전달하고 싶었다. 전문적인 뇌과학 내용을 일상 속 사례와 엮어 설명함으로써 거부감을 줄이고 친근함을 느끼게 해 주고 싶었던 것이다. 물론 그런 과정을 통해 뇌과학 저술가로서의 인지도를 높이고 싶은 생각도 있었고 한 발 더 나아가 구독자 수나 조회 수가 늘어나면 큰돈은 아니더라도 일정한 수익으로 이어지지 않을까 하는 기대도 있었다. 비록 그 기대가 크지는 않았지만, 아무튼 다양한 목적이 있었던 셈이다.

✥ 일의 내용과 목적

(1) 일의 내용
- 뇌과학의 지식들을 이용하여 일상 속에서 일어나는 일들에 대한 궁금증을 해결해 주는 3분 내외의 짧은 영상을 업로드 하는 유튜브 채널 운영

(2) 일의 목적
- 일상 속에 숨겨진 재미있는 내용을 뇌과학 이론을 빌려 설명함으로써 대중들의 관심을 유도하고 호기심을 해결
- 뇌과학이 어렵다는 인식을 줄이고 일상 속 필요 학문으로 인식하게 만듦
- 뇌과학 서적을 저술하는 작가로서의 인지도 향상
- 유튜브 채널 운영을 통한 수익 창출

채널을 운영하기에 앞서 제일 먼저 한 일은 유튜브 채널을 운영하는 방법을 습득하는 것이었다. 이를 위해 인터넷을 뒤지고 5개 이상의 서로 다른 강의를 들으면서 채널을 개설하는 방법에서부터 텍스트를 음성으로 변환하는 방법, 영상을 편집하는 방법, 짧은 인트로나 중간 로고 영상을 만드는 방법, 썸네일을 만드는 방법, 유튜브 스튜디오라는 앱을 이용해 영상을 채널에 업로드하는 방법까지 독학으로 공부했다. 강의마다 다루는 콘텐츠가 달랐기에 여러 강의를 들으며 누락 없이 내용을 파악하려고 했다. 그 이후에는 배운 내용을 바탕으로 채널을 개설했다. 내가 올리려던 영상은 내 목소리로 내레이션을 삽입한 것이 아니라, 인공지능 소프트웨어를 이용하는 것이었다. 어떤 것이 내가 원하는 목적에 부합할지 판단하기 위해 몇 가지 소프트웨어를 골라 테스트해 보았고 그중 하나를 선택해 일정 기간 유료 사용 계약을 체결했다.

동영상 편집 프로그램도 마찬가지였다. 강의를 통해 접한 여러 프로그램을 모두 테스트해 본 후에 내가 가장 편하게 다룰 수 있고 성향에도 잘 맞는 소프트웨어를 골라 유료 결제를 했다. 금전적인 혜택도 고려했다. 그 외 특정 앱을 이용해 영상 중간에 삽입할 로고 영상과 썸네일 제작 방법도 습득했다. 이외에도 다른 앱의 사용법을 익혔으나 시간이 지나면서 모두 잊어버리고 말았다. 이처럼 오랜 시간이 지나서 했던 일을 마무리하려 들면, 기억에서 사라져 복구되지 않는 경우가 생기기 마련이다. 만일 미래에 또 다른 목적으로 같은 앱을 사용할 기회가 생긴다면 사용법을 다시 익혀야 하므로 시간과 노력의 낭비로 이어질 수 있다. 분명 그 앱의 사용법을 익히며 무언가 변화가 일어났는데, 그 변화된 내용을 유지하지 못해 처음의 자리로 되돌아간 셈이니 말이다. 이런 일이 잦아질수록 자신의 시간과 노력이 헛되이 소모될 수 있다. 일이 흐지부지 끝났더라도 너무 늦지 않게 마무리해야 하는 이유가 바로 여기에 있다.

3분짜리 영상을 만들기 위해서는 스크립트가 필요하다. 내가 제작하려던 영상은 일상생활 속에서 누구나 겪는 평범한 일들이지만 왜 그런지는 명확하게 의식하지 못하는 것들을 찾아내어 뇌과학 이론으로 설명하는 것이었다. 예를 들어 '술을 많이 마신 다음 날 머리가 깨질 듯 아픈 이유는 무엇일까?', '나이 든 사람들과 대화가 잘 통하지 않는 이유는 무엇일까?', '남자들은 왜 쇼핑을 힘들어할까?', '스트레스를 받으면 왜 매운 음식이 당길까?' 같은 주제들이었다. 이처럼 누구나 공감할 수 있는 일상을 다뤘기에 많은 사람이 관심을 가질 만했고, 내용을 듣고 나면 '아하, 그래서 그렇구나' 하는 깨달음을 얻으며 즐거움을 느낄 수도 있었다.

이런 영상을 만들기 위해서는 뇌과학 이론을 바탕으로 일상적 현상을 설명하는 대본이 필요했다. 나는 약 3분 분량의 영상이 될 수 있도록 뇌과학 관련 책과 자료를 참고해 대본을 준비했다. 매번 대본을 새로 쓰는 일이 힘들고 번거로울 수 있기에, 시작 단계에서 가급적 많은 콘텐츠를 확보해 두려 했다.

내가 만들려던 영상을 영화처럼 연속된 장면으로 구성하는 건 어려운 일이었다. 뇌과학이라는 전문 분야의 내용을 다루다 보니 관련 영상을 직접 촬영하기는 불가능했고, 관련된 영상을 외부에서 구입하는 것도 불가능에 가까웠기 때문이다. 그래서 내가 택한 방법은 영상 내용에 적합한 이미지를 수집해서 그것들을 내용에 맞게 적절히 이어 붙여 하나의 영상으로 만드는 것이었다. 이 작업을 위해서는 내용과 어울리는 이미지를 찾아야 했기에 평소 이용하던 사이트에서 무료로 제공되는 이미지를 선별해 다운받았다.

그렇게 대본과 이미지의 준비가 끝나면 동영상 편집 프로그램으로 이미지를 조합하고 중간 로고와 마무리 로고 영상을 넣어 최종 콘텐츠를 완성했다. 하지만 영상만 만든다고 끝이 아니었다. 앱을 이용하여 영상을 대표할 썸네일을 만들고 유튜브 스튜디오라는 프로그램을 이용하여 영상을 설명과 함께 업로드해야 했다. 간단히만 언급했지만 이런 작업들을 마치려면 때로는 하루가 꼬박 걸리기도 했다. 정리하자면 다음과 같다.

❖ **유튜브 채널 운영을 위해 한 일**

(1) 유튜브 채널 운영을 위한 기본 지식 학습
- 인터넷 강의를 통한 유튜브 계정 만드는 방법과 채널 개설 방법 학습
- 텍스트를 음성으로 변화하는 프로그램 사용법 학습
- 동영상 편집 프로그램 사용법 학습
- 각종 앱을 이용한 짧은 영상 및 썸네일 제작 방법 학습

(2) 유튜브 채널 운영
- 업로드할 영상의 콘텐츠 확보(3분 내외의 짧은 스크립트)
- 콘텐츠에 적합한 이미지 확보
- 인공지능 프로그램을 이용한 스크립트의 음성 변환
- 도입, 중간, 마무리 로고 영상 제작
- 동영상 편집 프로그램을 이용한 3분 내외의 영상 제작
- 썸네일 제작
- 유튜브 스튜디오 앱을 이용한 영상 업로드

처음 3개월 정도는 열심히 영상을 만들어 올렸다. 매주 목요일마다 새로운 영상을 올리기로 했는데, 유튜브를 운영하며 1주일이 그렇게 빨리 지나간다는 사실을 새삼 깨달았다. 구독자 수나 조회 수는 한 자릿수 혹은 두 자릿수에 머물렀다. 수많은 영상이 매일같이 쏟아지는 세상이라 어느 정도 각오는 했지만, 그래도 실망스러운 마음을 감출 수는 없었다. 결과만 놓고 본다면 유튜브 채널을 운영했다고 말하는 것조차 부끄러울 정도였다. 그럼에도 나는 1년은 계속하겠다고 마음을 먹었기에 귀찮고 힘든 일들을 묵묵히 해냈다. 많은 공부를 하고 적게나마 비용도 투자했지만 안타깝게도 나의 유튜브 채널 운영은 4개월 만에 끝이 나고 말았다.

새로운 동영상을 올리기로 한 어느 날, 그날따라 몹시 피곤했고 도무지 영상을 올릴 의욕이 생기지 않았다. '딱 한 주만 건너뛰자.' 그렇게 생각한 순간, 내 뇌 안에 사는 사악한 원숭이에게 사고의 주도권을 빼앗기고 말았다. 그 한 주의 건너뜀이 도화선이 되었다. 이후에도 영상을 만들어 올리는 일은 특별한 이유 없이 흐지부지되었고 마지막 영상을 올린 후 무려 6개월이 지났다. 이미 반년이라는 긴 시간이 지난 지금에 와서는 더 이상 영상을 만들어 올리고 싶은 생각이 없다. 유튜브 채널 운영은 끝이 난 거라 생각해도 무방할 것 같다.

마무리에서 무엇보다 중요한 것은 왜 추진하던 일이 흐지부지되었는지 그 원인을 파악하는 것이다. 중단된 일의 원인을 찾아 같은 일이 재발하는 것을 방지하는 게 중요했던 것처럼, 유야무야된 일 역시 계획한 목표를 달성하지 못하고 중간에 멈춘 것이므로 향후 같은 일이 되풀이되지 않도록 노력해야 한다.

주위를 둘러보면 많은 사람이 무언가를 시작했다가 중간에 흐지부지 끝내버리곤 한다. 열심히 자격증 공부를 하다가 그만두고, 주말농장을 활발히 운영하다가 손을 놓아 밭이 잡초투성이가 되고, 인스타그램이나 페이스북 같은 SNS를 열정적으로 운영하다가 그만두는 등 처음 마음가짐과는 다르게 끝까지 이어가지 못하는 일이 생각보다 많다. 그래서 유야무야되는 일이 생길 때마다 마무리를 통해 원인을 찾다 보면 공통된 문제점이 발견된다. 그것은 자신에게 부족한 부분일 수도 있고, 환경처럼 외부적 요인에서 비롯된 한계일 수도 있다.

그런 요인들은 어쩌면 근본 원인이 될 수도 있다. 시작한 일을 마무리 짓지 못하고 중간에 흐지부지 사라지는 이유는 다양하겠지만, 그것을 조금 더 근본적으로 파고들면 공통된 흐름으로 묶이곤 한다. 그렇게 드러나는 공통 요인이 바로 근본 원인인데, 앞서 언급한 '잡초의 뿌리'에 해당한다. 이 뿌리를 제거하면 향후에 일을 시작했다가 흐지부지 끝나는 경우가 줄어들고, 실행력과 추진력은 높아질 수 있다. 일반적으로 유야무야된 일에 대해서 '굳이 마무리를 해야 할까?'라는 의문을 품을 수 있다. 그러나 반드시 마무리 과정을 거쳐야 하는 이유가 바로 이 때문이다. 뿌리를 제거하지 않은 잡초가 시간이 지나면 다시 무성하게 자라 작물의 성장을 방해하듯, 근본 원인을 파악하지 않은 채 방치하면 어떤 일을 새로 시작하더라도 끝까지 완수하지 못하고 중간에 흐지부지될 가능성이 높다.

한 번 스스로에 대해 곰곰이 생각해 보라. 만약 어떤 일이든 시작했다가 끝까지 마무리하지 못하고 유야무야된 적이 많다면, 그럴 수밖에 없는 근본적인 이유가 있을지도 모른다. 의지가 부족하다거나, 추진력이 떨어진다거나, 쉽게 싫증을 내는 성향일 수도 있다. 그래서 자신에게 있는 문제를 찾아 바로잡는 것만으로도 앞으로의 삶이 훨씬 개선될 수 있다. 그러므로 귀찮고 내키지 않더라도 유야무야된 일을 마무리하는 과정을 거치며 원인을 찾아내 보려고 노력하자.

나의 예로 돌아가 보자. 왜 나는 4개월 만에 유튜브 채널 운영을 그만두었을까? 어리석게도 내 마음 한구석에는 아직 '다시 할 수 있을 거야'라는 생각이 숨어 있지만, 시간이 흘러도 영상을 다시 올리고 채널 운영을 이어 나갈 가능성은 제로에 가깝다. 그러니 이미 유튜브 채널 운영은 끝난 것이라 여기는 게 바람직한데 여전히 혼자서만 미련을 버리지 못하고 있는 듯하다. 아무튼, 나는 왜 채널 운영을 계속할 수 없었을까? 어떤 문제점들이 있었던 걸까?

지금 돌아보면 가장 큰 문제는 절박하지 않았다는 것이다. 절박함은 '이걸 하지 않으면 죽을 수도 있어'라는 마음가짐에서 우러난 감정이다. 사자에게 쫓기는 가젤은 살아남기 위해 죽을 힘을 다해 달린다. 그때 가젤의 마음속에는 절박함이 담겨 있다. 반대로, 가젤을 쫓는 사자의 마음속에도 절박함이 담겨 있다. 그 가젤을 잡지 못하면 그날 저녁을 굶어야 하고, 자신을 믿고 따르는 다른 식구들까지 굶길 수 있다. 잡아 먹으려는 개체와 잡아 먹히지 않으려는 개체, 양쪽에 절박함이 있지만, 결과는 절박함이 더욱 큰 개체 쪽으로 기우는 법이다. 이렇게 절박함은 무언가를 실행하도록, 행동에 옮기도록 만드는 근본적인 힘이 된다. 사업에서 성공하고 큰돈을 번 사람들은 한결같이 절박함을 가지고 있다.

절박함이 있는 사람들은 무슨 일을 해도 '반드시 해내고야 말겠어'라며 전의를 불태우지만 절박함이 없는 사람들은 '한 번 해보지 뭐. 잘 되면 좋은 거고, 안 되면 어쩔 수 없는 거고'라는 식으로 생각하곤 한다. 나의 경우 후자였던 듯싶다. '한 번 해보자'라는 마음에서 유튜브 채널 운영을 시작했던 것 같다. 그래서 동영상을 만들어 채널에 올리면서도 구체적인 목표를 만들지 않았다. 언제까지 구독자나 조회 수를 달성한다거나 어떻게 홍보를 한다거나 하는 상세한 목표를 설정하지 않았다. 단계별로 거쳐야 할 이정표도 세우지 않았다. 1년 정도는 꾸준히 해보자는 막연한 계획과 매주 목요일에 업로드한다는 원칙만 있었을 뿐 채널 운영을 위한 상세한 기준들도 만들지 않았다. 그러기에 모든 것들이 막연한 상태에서 영상을 올리게 되었고 지금 하는 일이 목표한 대로 가고 있는지 추적할 수단이 없었다.

특히나 구독자나 조회 수를 늘리려면 어떻게 해야 하는지, 방법적인 고민이 없었다. 우리에게 잘 알려진 유튜버나 인플루언서들은 구독자 수나 조회 수를 늘리기 위해 엄청난 노력을 기울인다. 사람들이 관심을 가질 만한 이슈들이 무엇인지 끊임없이 고민하고, 자기 채널뿐 아니라 유사한 다른 채널을 찾아다니며 다른 유튜버가 올린 영상을 시청하기도 하고, 필요하면 '미투 me too' 전략으로 비슷한 콘텐츠 제작도 망설이지 않는다. 유튜버끼리 서로 연합하여 콘텐츠를 제작하기도 하는 등 할 수 있는 모든 노력을 다 한다. 그들이라고 해서 처음부터 잘 된 것이 아니기에 절박한 심정으로 노력해 지금의 자리에 올라 있다. 하지만 나는 그런 것들이 부족했다. 사실 딱히 유튜브 채널 운영에 목적의식이 없었고 '한 번 해봤다가 잘 되면 좋지' 같은 생각으로 시작했기에 절박하게 구독자 수나 조회 수를 늘리기 위해 노력할 필요가 없었다. 열 몇 개의 영상을 올리는 동안 '구독자 수가 늘지 않네'라거나 '조회 수가 생각보다 많아지지 않네'라고 안일하게 생각했을 뿐, 그 상황을 돌파하기 위해 당장 무엇을 실천할지 고민하지 않았다.

고민이 없으니 당연히 실행으로 이어질 리 없었다. 구독자 수나 조회 수를 높이기 위해 아무것도 하지 않은 채 몇 개월이 지나자 흥미를 잃고 흐지부지 그만두고 말았다. 어떤 일에나 찾아오는 고비를 넘기지 못하고 쉽게 포기하고 만 것이다. 결국 내가 유튜브 채널 운영을 그만둔 가장 큰 이유는 내 안에 절박함이 없었기 때문이다. 어쩌면 이것이 내가 지닌 부족한 실행력의 근본 원인일 수도 있다. 즉, 앞서 말한 '잡초의 뿌리'에 해당하는 부분일지도 모른다. 그래서 아무리 작은 일이라도 끝까지 이루어내고자 한다면, 그 중심에는 반드시 절박함이 있어야 하지 않을까 싶다.

두 번째 이유는 첫 번째로 언급한 절박함과는 다소 결이 다르지만, 현실적인 측면에서 중요한 문제였다. 바로 시간 소모가 많았다는 점이다. 영상을 하나 올리기 위해 소모해야 하는 시간이 예상보다 훨씬 길었고, 손 가는 일도 많았다. 별것 아니겠다고, 어쩌면 쉽게 할 수 있으리라고 생각하며 시작한 일이었건만 스크립트를 음성으로 변환하고, 내용에 적합한 이미지를 찾고, 영상을 편집하는 일에 너무 많은 과정이 필요했고, 어떤 경우에는 하루 종일 매달려야 했기 때문에 부담스럽게 느껴졌다. 만일 내가 유튜브에 채널을 개설하고 영상을 올리기 전에 충분한 연습을 거치며 영상 하나를 업로드하기까지 소요되는 평균 시간을 미리 확인했더라면 채널을 운영하겠다는 계획을 쉽게 실천에 옮기지 않았을지도 모른다. 경제적인 타당성 평가에서 '경제성 없음'으로 판명 났을지도 모르니 말이다. 사전에 모든 것들을 꼼꼼하게 준비하고 체크했어야 함에도 불구하고 그런 과정 없이 막연하게 의욕만 앞세워서 시작했기 때문에, 시간이 지나면서 부담이 커지자 한 번 건너뛴 것을 계기로 손을 떼게 되었던 것 같다. 결국 사전 준비 없이 대수롭지 않게 여기고 시작한 마음가짐이 채널 운영을 흐지부지 끝나게 만든 두 번째 원인이라고 생각한다.

다시 돌아가, 저조한 조회 수와 늘어나지 않는 구독자 수도 채널 운영을 흐지부지 만든 원인 중 하나라고 할 수 있다. 지금 대형 유튜버들 중에는 몇 년 동안 수익을 내지 못하면서도 시간과 노력을 투자하며 오랜 기간 버텨온 사람들이 많다는 걸 잘 알고 있다. 그들도 처음에는 낮은 조회 수와 구독자 수에 시달리며 힘든 시간을 그저 버틸 수밖에 없었다. 그러한 노력의 대가로 유명 유튜버가 되어 짭짤한 수익을 내고 있는 것이다. 무엇이든 첫술에 배가 부를 수는 없다. 이 시간을 인내하지 못하면 유튜브 채널 운영은 실패로 돌아갈 가능성이 크다. 그 사실을 잘 알고 있었기에 적어도 1년 동안은 구독자 수나 조회 수에 연연하지 않고 채널을 운영해 보자고 마음먹었다.

하지만 막상 영상을 올리고 난 후에는 들인 노력에 비해 너무나 적은 조회 수를 보니 의기소침해지지 않을 수 없었다. 거의 하루를 꼬박 들여 만든 영상이 10에도 미치지 못하는 조회 수를 기록하는 것을 보면 의욕이 싹 사라지고 만다. 비록 적더라도 꾸준히 조회 수가 올라가면 어느 정도는 인내할 수 있지만, 계속 한 자릿수에 머무르는 조회 수를 보면 가치 없는 일을 하고 있다는 생각이 들기도 한다. 그렇게 몇 개월을 계속했지만 조회 수는 변함이 없었고 사람들이 관심을 가질 것이라 여겨졌던 영상들조차 외면당하는 것을 보면서 흥미가 줄어들기 시작했다. 동기가 사그러들자 더는 영상을 만드는데 시간을 쏟아부으며 채널을 운영할 필요를 느끼지 못했다. 그래서 바쁘다는 핑계로 영상 업로드를 한 주 건너뛰게 되었고 그것을 계기로 영상을 업로드

하는 일은 흐지부지되고 말았다.

기대만큼 받쳐주지 못했던 실적, 즉 기대에 미치지 못한 보상이 시작할 때의 의욕을 꺾어버렸고 채널 운영을 포기하고 만 것이다. 앞서 수영으로 체중을 감소한 성공 사례와 비교해 볼 때 고비를 넘기지 못한 이유 중 하나가 기대했던 보상을 얻지 못하고 이로 인해 동기가 저하되었기 때문임을 알 수 있다. 사전에 이런 경우를 대비했어야 하지만, 너무 막연한 희망만 가지고 있었던 게 쉽사리 의욕이 꺾여버린 이유인 듯싶다. 앞으로 어떤 일을 하더라도 이런 부분에 대한 대비는 필요하리라 생각한다.

유튜브 채널 운영이 흐지부지 끝나게 된 마지막 원인은 '뒷심' 부족이다. 처음부터 구독자 수와 조회 수가 쉽게 늘지 않으리라는 사실은 잘 알고 있었다. 동기 저하를 논하기 전에 이미 그런 상황을 예상했고, 1년 정도는 혼자 벽을 보고 이야기하듯 답답한 상황이 이어질 수도 있음을 알았다. 그래서 그 기간만큼은 참고 견디겠다고 다짐했다. 하지만 다짐이 무색하게 나는 겨우 4개월 만에 손을 들고 말았다. 뒷심이 부족하면 하던 일을 쉽게 그만둘 수밖에 없다. 조금만 어려운 일이 생겨도 포기하고 싶은 마음이 들기 때문이다. 물론 상황에 따라 다르므로 내 스스로 뒷심이 부족하다고 평하고 싶진 않지만, 유튜브 도전에서는 분명 뒷심이 부족했다. 어쩌면 절박한 마음 없이, 한번 해보자는 진중하지 못한 마음으로 시작한 것이 뒷심 부족을 불러온 원인이었는지도 모른다. 아무튼 처음에 생각한 기간조차 채우지 못한 뒷심 부족이 일을 흐지부지 끝내도록 만든 또 다른 원인이다.

이제 정리를 해보자.

❖ 유튜브 채널 운영을 흐지부지 그만두게 된 원인

(1) 절박함이 없었음
- '반드시 해내고야 말겠어'라는 생각보다 '잘 되면 좋은 거고, 안 되면 어쩔 수 없는 것'이라는 안일한 생각으로 시작
- 채널 운영의 구체적인 목표나 단계별 마일스톤이 설정되지 않아 채널 운영이 잘 되고 있는지 모니터링할 수 없었음
- 구독자나 조회 수를 늘리기 위한 조치가 전혀 없었음

(2) 사전에 꼼꼼한 체크와 준비가 부족한 상태에서 시작
- 콘텐츠 준비에서부터 영상 편집 후 업로드까지 채널 운영에 소요되는 시간에 대한 사전 검토 미흡
- 실질적으로 영상 제작에 소요되는 시간이 많이 필요함으로 인해 심적 부담을 느끼게 됨

(3) 보상이 없음으로 인한 동기 저하

- 기대에 훨씬 미치지 못하는 구독자 수와 조회 수로 인해 의욕 상실

(4) 뒷심 부족
- 미리 어려운 상황을 예상했음에도 불구하고 실제 상황에서 너무 쉽게 포기하고 물러남

이런 원인들은 향후 또 다시 유튜브 채널을 운영하거나 비슷한 일을 수행할 때 귀한 참고자료가 될 수 있다. 여기에서 한 가지 짚고 넘어가야 할 것이 있다. 왜 내가 올린 영상의 구독자 수와 조회 수가 몇 달을 계속했음에도 불구하고 늘어나지 않은 것일까? 만일 영상을 올릴 때마다 구독자 수와 조회 수가 껑충껑충 뛰어올랐다면 수영을 할 때 살이 쑥쑥 빠진 것처럼 동기부여가 되었을 텐데, 그렇지 못했기에 결국 흐지부지 끝나버리고 말았으니 그 이유를 찾아보는 것도 의미 있는 분석이 될 수 있다.

일을 마무리하는 단계에서 이렇게 의도한 대로 계획이 진행되지 않은 이유도 생각해 볼 수 있다. 무엇을 잘못한 것일까? 안타깝게도 난 아직 그 이유를 잘 모르겠다. 그렇다고 '모르겠음'이라고 단정 짓고 넘어갈 수도 없다. 다음에 같은 일을 할 때 적용할 교훈을 얻을 수 없기 때문이다. 하

지만 또 정확한 원인을 찾아내기도 어렵다. 이런 경우 몇 가지 가설만 도출한 후 훗날 다시 비슷한 일을 할 때 그것을 검증해 볼 수 있다. 그것만으로도 나름 의미 있는 전진이 될 테다.

내가 올린 영상들이 인기를 끌지 못한 이유를 몇 가지 정도는 추측할 수 있다. 먼저, 뇌과학이라는 어려운 콘텐츠를 선택한 잘못이다. 요즘 인기 유튜버는 대체로 재미나 흥미 위주의 콘텐츠를 제공하는 사람들이다. 자극적인 영상들도 인기가 많다. MZ 세대의 특징 중 하나가 재미와 흥미를 중시하므로 시청하는 콘텐츠 역시 그 결을 따라간다. 재미있거나 도발적이거나 자극적인 것들이 인기가 많다. 내가 올리는 영상들은 알고 나면 상식적으로나 지식의 확장 측면에서는 도움이 될 수 있지만 재미나 흥미와는 담을 쌓은 내용이다. 우연히 지나가다 시청할 수 있지만, 굳이 찾아보고 싶은 마음이 생기지 않을 수 있다. 한편으로는 지루하게 다가오기도 한다.

내용은 둘째치고 그 내용을 전달하는 방식도 문제였다. 연속으로 이어 붙인 이미지에 인공지능을 이용한 설명을 곁들이는 방식으로 동영상을 만들었으니 아무리 내용이 좋아도 영상을 보는 순간 재미가 없다고 느끼기 쉬웠을 테다. 특히나 인공지능을 이용한 스크립트의 음성 변환이 걸림돌이었을 수도 있다. 인공지능이 만들어낸 목소리가 꽤 질이 좋아지긴 했지만 종종 어색한 발음이 나타날 때가 있는데 이런 경우 듣는 사람 입장에서는 거부감을 느낄 수 있다. 실제 목소리가 아닌 인공지능 목소리는 시청자로 하여금 자칫 영상 주인이 자신감이 없냐는 생각을 하게 만들 수 있고, 이는 콘텐츠에 대한 신뢰감의 저하로까지 이어졌는지도 모른다. 한 번에 눈길을 확 잡아끌 수 있도록 콘텐츠를 전달하지 못했으니 찾아보는 사람이 없었는지도 모른다. 결국 콘텐츠의 내용과 전달 방식이 지루하고 재미가 없었다는 게 나의 첫 번째 가설이다.

두 번째는 영상의 길이가 아닐까 싶다. 유튜브가 지금처럼 활성화되기 전에는 사람들이 몇십 분짜리 영상도 어렵지 않게 봤지만 쇼츠, 숏폼과 같이 1분 이내의 짧은 영상들이 유행하면서 그보다 긴 시간 동안 재생해야 하는 영상은 참고 보질 못한다. 긴 동영상에 대한 수용 역량이 크게 떨어지고 짧고 자극적인 내용을 선호하는 쪽으로 시청자들의 니즈가 바뀌어 나가고 있다. 특히나 '도파밍'이라는 말처럼 도파민이 분비되는 즐겁고 재밌는 콘텐츠를 마치 작물을 수확하듯 찾아다니는 젊은 세대에게는 더욱더 짧은 영상이 잘 먹힌다. 내가 올리는 뇌과학 영상은 3분을 기준으로 30초 정도 짧거나 긴 것들이었다. 짧으면 2분 30초, 길면 3분 30초짜리 영상이었는데 1분짜리 짧은 영상에 익숙해진 사람들은 이 정도 길이의 영상조차 길다고 느낀다. 3분조차 길다고 느끼는 사람들은 아예 처음부터 내가 올린 영상을 보려고 하지 않을 것이다. 나 역시 1분 내외의 압축된 영상을 올렸다면 결과가 달라졌을지 모르나 그건 시도해 보지 않아서 결과를 예단하기 어렵다. 많은 사람들이 긴 동영상을 올리면서도 다시 그것을 1분 이내의 숏폼으로 만들어 올리는 걸 보면 나름 타당한 이유가 될 수 있다. 이 내용은 추후에 다시 유튜브 채널을 운영한다면 충분히 시험해 보고 검증해 볼 수 있을 것이다. 영상의 길이가 다소 길게 느껴졌다, 이것이 내가 생각하는 구독자 수와 조회 수가 적은 세 번째 가설이다. 이렇게 정리한 가설은 유튜브 채널을 운영하면서 내가 잘못한 항목들로 정리해볼 수 있을 것 같다.

✥ 유튜브 채널을 운영하면서 잘한 것과 잘못한 것

(1) 잘한 것

- 돌이켜보면 잘한 것은 거의 없는 것 같음

(2) 잘못한 것(구독자와 조회 수가 늘어나지 않았던 이유)

: 정확한 원인은 파악하기 어렵지만 추론을 통해 아래와 같은 가설을 세움. 이에 대해서는 추후 검증 필요

- 흥미나 재미의 부족: 지식적인 측면에서는 좋으나 클릭을 유도할만한 흥미나 재미 부족
- 영상 전달 방식의 오류: 이미지를 연결하여 만든 동영상으로 인해 지루함을 느낄 수 있음, 인공지능 음성을 이용함으로 인해 거부감과 콘텐츠에 대한 신뢰감 저하
- 다소 긴 재생 시간: 쇼츠나 숏폼에 익숙해진 시청자들에 대한 대응 미흡

이처럼 일이 흐지부지 끝나게 된 원인을 정확하게 분석하면 미래에 같은 일이 재발하지 않도록 방지책을 마련할 수 있다.

✥ 유튜브 운영이 앞으로 흐지부지 끝나지 않도록 하려면 어떻게 해야 하나?

(1) 절박한 마음으로 시작
- '해볼까?'라는 마음이 아닌, '하지 않으면 안돼'라는 마음이 생겼을 때 시작
- 꼭 달성해야 할 목표를 사전에 설정하고 단계별 모니터링을 통해 진척 상황을 점검

(2) 철저한 사전 준비

- 채널 운영에 필요한 사전 작업 파악
- 사전 연습을 통해 필요한 작업을 표준화하고 운영에 소요되는 시간을 최소화

(3) 구독자 수와 조회 수 늘리기

- 분야에 상관없이 구독자와 조회 수가 많은 채널을 벤치마킹하여 비결 파악하기
- 구독자와 조회 수를 늘릴 방법 습득과 실행

(4) 동기부여를 통한 뒷심 발휘

- 결과와 상관없이 단계별로 자체적인 보상을 통해 동기를 지속적으로 유지

비록 흐지부지 끝나긴 했지만 유튜브 운영을 통해 내가 얻은 소득도 있다. 먼저, 유튜브 채널을 개설하고 그 채널에 동영상을 업로드하는 전 과정에 대한 지식을 습득하게 되었다. 이후에 다시 유튜브를 한다면 이미 만들어 둔 채널을 이용하여 영상을 업로드하고 운영할 수 있을 것이다. 별도로 학습 과정을 거치지 않아도 되는 것이다. 영상을 업로드하기 위해 필요한 도구들을 사용하는 스킬과 노하우도 갖추게 되었다. 비록 전문가들처럼 대단한 실력은 아니지만

인공지능을 이용하여 스크립트를 음성으로 변환하고, 동영상 프로그램을 사용해 편집하는 등 기초적인 스킬은 갖추게 되었다. 이러한 것들 역시 미래에 유튜브 채널을 다시 운영하게 된다면 활용할 수 있는 자산 중 하나다. 유튜브 채널 운영의 프로세스나 소프트웨어, 혹은 앱에 대한 사용 방법은 시간이 지나면 상세한 내용을 잊을 수 있으므로 별도로 내용을 정리해 놓으면 향후 필요가 생길 때 다시 찾아서 활용할 수 있다.

✥ 유튜브 운영을 통해 얻은 것

(1) 지식
- 유튜브에 계정을 만들고 채널을 개설하여 동영상을 업로드 하기까지의 모든 프로세스

(2) 스킬이나 노하우
- 동영상을 만들기 위해 필요한 소프트웨어 혹은 앱 사용 방법

(3) 성과
- 유튜브 채널 운영에 대한 작은 자신감

마지막으로, 비록 짧은 기간이었지만 유튜브 채널을 운

영하면서 얻은 교훈도 있다. 그 전까지만 해도 유튜브 채널을 운영한다는 건 언감생심 꿈도 꾸기 힘든 일이었다. 아날로그 시대의 관습이 몸에 밴 사람으로서 디지털 문명을 따라가기에도 벅차다고 여겼기에 유튜브는 감히 접근하기 힘든 낯선 영역이라 생각했다. 하지만 막상 공부하고 시도해 보니 내가 도저히 접근할 수 없는 세계처럼 느껴졌던 유튜브가 그리 두렵게 여길 대상은 아니라는 생각이 들었다. 그럼에도 불구하고 시도해 보지도 않은 채 미리 포기했던 스스로가 어리석에 여겨졌다. 모르는 것은 배우고 도전하면서 시행착오를 쌓으면 되는 일, 무엇이든 해보기 전에 단정하고 포기할 필요는 없음을 깨달았다. 뜻이 있으면 길이 있다는 말은 불변의 진리이므로 말이다.

❖ 유튜브 운영을 통해 얻은 교훈
- 뜻이 있다면 세상에 도전할 수 없는 일은 없다

지금까지 이야기한 내용을 종합적으로 정리하면 다음과 같다. 순서는 앞서 정리한 내용과 다소 다를 수 있다.

❖ 일의 내용과 목적

(1) 일의 내용
- 뇌과학의 지식을 이용하여 일상 속에서 일어나는 일들에 대한 궁금증을 해결해 주는 3분 내외의 짧은 영상을 업로드하는 유튜브 채널 운영

(2) 일의 목적
- 일상 속에 숨겨진 재미있는 내용을 뇌과학 이론을 빌어 설명함으로써 대중들의 관심을 유도하고 호기심을 해결
- 뇌과학이 어렵다는 인식을 줄이고 일상 속 필요 학문으로 인식하게 만듦
- 뇌과학 서적을 저술하는 작가로서의 인지도 향상
- 유튜브 채널 운영을 통한 수익 창출

❖ 유튜브 채널 운영을 위해 한 일

(1) 유튜브 채널 운영을 위한 기본 지식 학습
- 인터넷 강의를 통한 유튜브 계정 만드는 방법과 채널 개설 방법 학습
- 텍스트를 음성으로 변화하는 프로그램 사용법 학습
- 동영상 편집 프로그램 사용법 학습
- 각종 어플을 이용한 짧은 영상 및 썸네일 제작 방법 학습

(2) 유튜브 채널 운영

- 업로드할 영상의 콘텐츠 확보(3분 내외의 짧은 스크립트)
- 콘텐츠에 적합한 이미지 확보
- 인공지능 프로그램을 이용한 스크립트의 음성 변환
- 도입, 중간, 마무리 로고 영상 제작
- 동영상 편집 프로그램을 이용한 3분 내외의 영상 제작
- 썸네일 제작
- 유튜브 스튜디오 앱을 이용한 영상 업로드

유튜브 채널을 운영하면서 잘한 것과 잘못한 것

(1) 잘한 것

- 돌이켜보면 잘한 것은 거의 없는 것 같음

(2) 잘못한 것(구독자와 조회 수가 늘어나지 않았던 이유)

: 정확한 원인은 파악하기 어렵지만 추론을 통해 아래와 같은 가설을 세움. 이에 대해서는 추후 검증 필요

- 흥미나 재미의 부족: 지식적인 측면에서는 좋으나 클릭을 유도할만한 흥미나 재미 부족
- 영상 전달 방식의 오류: 이미지를 연결하여 만든 동영상으로 인해 지루함을 느낄 수 있음, 인공지능 음성을 이용함으로 인해 거부감과 콘텐츠에 대한 신뢰감 저하
- 다소 긴 재생 시간: 쇼츠나 숏폼에 익숙해진 시청자들에 대

한 대응 미흡

❖ 유튜브 운영을 통해 얻은 것

(1) 지식
- 유튜브에 계정을 만들고 채널을 개설하여 동영상을 업로드 하기까지의 모든 프로세스

(2) 스킬이나 노하우
- 동영상을 만들기 위해 필요한 소프트웨어 혹은 앱 사용 방법

(3) 성과
- 유튜브 채널 운영에 대한 작은 자신감

❖ 유튜브 채널 운영을 흐지부지 그만두게 된 원인

(1) 절박함이 없었음
- '반드시 해내고야 말겠어'라는 생각보다 '잘 되면 좋은 거고, 안 되면 어쩔 수 없는 것'이라는 안일한 생각으로 시작
- 채널 운영의 구체적인 목표나 단계별 마일스톤이 설정되지 않아 채널 운영이 잘 되고 있는지 모니터링할 수 없었음
- 구독자나 조회 수를 늘리기 위한 조치가 전혀 없었음

(2) 사전에 꼼꼼한 체크와 준비가 부족한 상태에서 시작
- 콘텐츠 준비에서부터 영상 편집 후 업로드까지 채널 운영에 소요되는 시간에 대한 사전 검토 미흡

- 실질적으로 영상 제작에 소요되는 시간이 많이 필요함으로 인해 심적 부담을 느끼게 됨

(3) 보상이 없음으로 인한 동기 저하
- 기대에 훨씬 미치지 못하는 구독자 수와 조회 수로 인해 의욕 상실

(4) 뒷심 부족
- 미리 어려운 상황을 예상했음에도 불구하고 실제 상황에서 너무 쉽게 포기하고 물러남

유튜브 운영이 앞으로 흐지부지 끝나지 않도록 하려면 어떻게 해야 하나?

(1) 절박한 마음으로 시작
- '해볼까?'라는 마음이 아닌, '하지 않으면 안돼'라는 마음이 생겼을 때 시작
- 꼭 달성해야 할 목표를 사전에 설정하고 단계별 모니터링을 통해 진척 상황을 점검

(2) 철저한 사전 준비
- 채널 운영에 필요한 사전 작업 파악
- 사전 연습을 통해 필요한 작업을 표준화하고 운영에 소요되는 시간을 최소화

(3) 구독자 수와 조회 수 늘리기

- 분야에 상관없이 구독자와 조회 수가 많은 채널을 벤치마킹하여 비결 파악하기
- 구독자와 조회 수를 늘릴 방법 습득과 실행

(4) 동기부여를 통한 뒷심 발휘
- 결과와 상관없이 단계별로 자체적인 보상을 통해 동기를 지속적으로 유지

❖ 유튜브 운영을 통해 얻은 교훈
- 뜻이 있다면 세상에 도전할 수 없는 일은 없다

유야무야된 일을
마무리 짓는 양식

이것도 별도의 양식으로 만들어 정리해 놓고 어떤 일이든 흐지부지 끝났을 때 꺼내 돌아보며 일을 마무리하면 큰 도움이 될 수 있다. 여기에서 제시하는 양식은 샘플일 뿐이므로 자신의 필요에 따라 추가하거나 변형하여 사용할 수 있다.

✥ 일의 내용과 목적

✥ 원하는 목표를 달성하기 위해 한 일

✥ 일을 하는 과정에서 잘한 것

✥ 일을 하는 과정에서 잘못한 것

✥ 일을 통해 얻은 것

✥ 일이 중도에 유야무야 된 원인

✥ **향후 같은 일이 반복되는 것을 막을 수 있는 방안**

✥ **교훈이나 시사점**

나가는 글

이제 긴 이야기를 마칠 때가 되었다. 일을 마무리하는 개념을 설명하기 위해 나와 친구의 실제 사례를 들었지만 지나치게 사적인 이야기를 길게 늘어놓은 것은 아닌가 걱정스럽기도 하다. 그럼에도 나와 지인의 이야기를 예시로 든 이유는 이 책을 읽는 독자들이 각자 자신의 지난 일을 돌아보며 어떻게 마무리해야 하는지 그 방법을 조금 더 구체적으로 보여주기 위해서였다. 일을 마무리한다는 개념은 이론적으로는 이해되지만, 여전히 실제의 관점에서 보면 애매한 부분이 남아 있을 수 있다. 그래서 책을 읽는 동안에는 고개를 끄덕이다가도 막상 자신의 일에 적용하려 하면 어려움을 느낄지도 모른다. 이런 어려움을 덜고 이해를 돕기 위해서는 이론적인 설명에 그치지 않고 실제 사례를 제시하는 것이 가장 효과적이라 생각했다. 그러니 다소 장황하고 지루한 부분이 있었더라도 너그러이 이해해 주길 바란다.

이 책을 쓰면서 스스로도 배운 것이 많다. 사례에 등장한 일들을 그러한 형태로 분석적인 마무리를 해본 적은 없었다. 고도 비만에서 운동과 식습관 개선을 통해 표준 체중으로 돌아온 일이나 유튜브 채널에 뇌과학 상식 영상을 올리다가 4개월 만에 흐지부지 끝낸 일 모두 대략적으로 그 과정을 되돌아보기는 했지만, 구체적으로 성공 요인이나 유야무야된 원인을 깊이 있게 파고든 적은 없었다. 그러다 보니 본문에 언급한 분석들도 내게는 새로운 시도였다. 그 과정에서 미처 깨닫지 못했던 것들을 새롭게 알게 되었고 조금 더 성찰의 관점에서 지난 일들을 바라볼 수 있게 되었다.

그런데 지난 일을 분석하며 마무리하는 과정에서 무언가 내 가슴 속에서 꿈틀대는 것을 느낄 수 있었다. 마치 예전에는 보지 못했던 물체가 어둠 속에서 빛나는 것과 같은 느낌이었다. 그게 무엇일까? 오랫동안 그 느낌의 근원을 추적해본 결과 그건 스스로의 변화에 대한 긍정적 수긍이었다. 즉, 예전의 나에 비해 분명 무언가 발전적으로 달라졌다는 자각이었고, 앞으로 비슷한 일을 하거나 전혀 다른 일을 맡더라도 예전처럼 생각 없이 하지는 않으리라는 믿음이었다. 단기간에 체중을 감량했던 성공 사례뿐만 아니라, 중간에 유야무야된 유튜브 운영을 돌아보는 과정에서도 그 믿음은 변하지 않았다. 다시 유튜브 채널을 운영하게 된다면 그 일에 대한 성찰을 바탕으로 보다 좋은 성과를 낼 수 있으리라는 자신이 생겼다. 문화예술 모임을 운영하다 그만둔 친구 A 역시 나와 비슷한 느낌을 받았다고 했다. 막연했던 부정적인 감정을 벗어나 긍정적인 수확의 기쁨을 느꼈다고 했다.

일의 완료 여부나 성과 여부와 상관없이 자신이 수행했던 일을 돌아보면서 마무리하는 과정을 거쳐야 하는 이유가 바로 이것 아닌가 싶다. 막연하게 성공했다, 실패하거나 포기했다, 흐지부지 그만두었다는 결과만 기억 속에 두면 무언가를 해도 자신에게 남는 것이 별로 없다. 일을 끝까지 완수한 경우를 제외하고는 부정적인 감정도 남게 될 것이다. 하지만 마무리를 하며 지난 일을 돌아보는 과정에서 잘한 것을 발견하고, 못한 것에 대해 앞으로는 어떻게 하면 도돌이표를 피할 수 있을지 생각해 볼 수 있으므로 그러한 것들이 내면의 자신감으로 축적되고 긍정적인 감정을 불러온다. 진정한 'lesson learned'가 자연스럽게 내면으로 스며드는 것이다. 나와 친구 A의 사례를 통해, 어떠한 일에도 이런 마무리를 반복한다면 분명 시간이 지나면서 성찰과 대응의 메타인지 역량이 높아지고 그것을 바탕으로 점점 업그레이드되는 자신을 발견할 수 있을 것이라 확신한다.

글을 마치기 전에 한 가지 덧붙이고 싶은 것이 있다. 본문에 제시한 사례에서 분석의 과정은 전적으로 나의 입장에서 이루어진 것이며, 그 분석의 내용이나 방향은 사람에 따라 달라질 수 있다. 똑같은 일을 동시에 보면서도 서로 다른 생각을 하는 것이 인간이다. 뇌의 특성이 그렇기 때문이다. 중요한 것은 내용이 맞냐 틀리냐를 따지는 게 아니다. 자신의 일을 돌아보며 마무리하는 과정에는 맞고 틀림이 존재하지 않는다. 그러므로 본문에 제시된 사례를 보면서 그 내용의 옳고 그름을 따지거나, 분석이 어렵다는 핑계로 회피하려고 하지 말고 스스로를 돌아보는 계기로 삼아 쉽게 접근했으면 하는 바람이다. 중요한 것은 사고의 옳고 그름이 아니라 스스로 지난 일을 되돌아보면서 어떤 단계에 이를 것이냐이다. 지난 일에서 미래에 도움이 될 만한 교훈을 발견하느냐 그렇지 못하느냐는 전적으로 자신의 책임이다. 그리고 그것은 미래의 삶을 달라지게 만드는 보이지 않는 힘이 될 것이다. 반복된 경험을 통해 자신만의 요령을 찾아 나가길 바란다.

시작한 일을 마무리하는 힘

초판 1쇄 발행 2025년 12월 24일

지은이 양은우
브랜드 경이로움
출판 총괄 안대현
기획 심보경
책임편집 이수빈
편집 김효주, 정은솔, 이제호
마케팅 김윤성
표지·본문디자인 스튜디오 글러

발행인 김의현
발행처 (주)사이다경제
출판등록 제2021-000224호(2021년 7월 8일)
주소 서울특별시 강남구 테헤란로33길 13-3, 7층(역삼동)
홈페이지 cidermics.com
이메일 gyeongiloumbooks@gmail.com (출간 문의)
전화 02-2088-1804 **팩스** 02-2088-5813
종이 다올페이퍼 **인쇄** 재영피앤비
ISBN 979-11-94508-64-9 (03190)

- 책값은 뒤표지에 있습니다.
- 잘못된 책이나 파손된 책은 구입하신 서점에서 교환해 드립니다.
- 이 책은 저작권법에 의하여 보호를 받는 저작물이므로 무단 전재와 복제를 금합니다.